Andrea Strittmatter

Frau dich!

Jede Frau ist eine Göttin

Verlag: Passwort Verlag

Druck: tredition GmbH, Halenreie 40-44, 22359 Hamburg

Lektorat: Marita Kürschner
Bild: Petra Kreuzpointner
Cover: Markus Koch

ISBN
Hardcover: 978-3-9821012-8-6
Taschenbuch: 978-3-9821012-9-3

Für alle Frauen, die den Weg in eine neue Zeit mit uns gehen.

Inhaltsverzeichnis

Vorwort

Mächtig, frei, selbstbestimmt und voller Tatendrang – wann hast du dich das letzte Mal richtig lebendig gefühlt?

Meistens stehst du unter Druck, denn zu viele Aufgaben wurden dir aufgebürdet. Es geht um Pläne, die abgearbeitet werden müssen, und um Leistung, die erbracht werden muss. Wir Frauen kümmern uns um den Haushalt, die Kinder und stehen zusätzlich noch „unseren Mann" im Beruf.

Dabei verlierst du das Wesentliche aus dem Blick – dich selbst.

Dieses Buch soll dich in eine neue Zeit begleiten. In eine Welt, in der du dich selbst leben kannst, in der du ermächtigt bist, dich selbst wieder mit deinem wahren Wesen einzubringen.

Für jede von uns ist es an der Zeit, ihren vorgegebenen Platz wieder einzunehmen. Wir müssen fordern und annehmen, nicht nur folgen und geben. Alles ist gleichberechtigt, nichts muss in den Hintergrund treten. Alles darf sein. Wir haben unsere Daseinsberechtigung aufgrund unseres Daseins, nicht aufgrund der Leistungen, die wir erbringen. Jede Einzelne von uns ist wichtig!

Wenn wir Frauen erwachen und unseren Weg gehen, ist es, als würden wir die Flamme einer Kerze zur anderen weitergeben. Wir geben unser Feuer weiter, damit es auch in den Seelen der anderen Frauen zu brennen anfängt.

Die Zukunft gehört uns, wenn wir uns jetzt auf den Weg machen!

Wie du mit dem Buch und an dir arbeiten solltest

Manchmal kommt es vor, dass im Text unangenehme Fragen gestellt werden oder negative Handlungen und Muster aufgezeigt werden. Diese sind zu deiner Erkenntnis da! Es geht nicht darum, dass du tief darin versinkst und denkst: „Ja, so bin ich auch!" oder „Genau das habe ich auch erlebt!" und dann die alten Geschichten auf deinem Schirm erscheinen. Bitte verweile nicht in diesen Gedanken, Mustern oder Handlungen!

Es geht darum, dass du erkennst, dass du so warst – bis jetzt! Dann wendest du dich sofort den positiven Fragen zu, dem Teil, der dir hilft, dich zu verändern; dem Teil, der positive Gedanken schafft, damit du anders fühlst und anders handelst.

Die passende Affirmation am Ende jedes Kapitels ist ein Vorschlag, eine kleine Zusammenfassung dessen, was wichtig ist. Natürlich wählst du die Affirmation, die mit deinem Wesen und deinem Gefühl am besten im Einklang steht. Wähle die Affirmation, die dir ein täglicher Begleiter ist, die für dich stimmig ist und dich auf dein verändertes Denken und Handeln hinweist.

Und nun wünsche ich dir viel Spaß auf unserem gemeinsamen Weg!

1. Kapitel

Dich selbst annehmen

Dich selbst annehmen - wie du bist. Wie bist du? Eigentlich, so müssten wir meinen, wissen wir das ganz genau. Wir leben, wir stehen „unseren Mann“ und sind mehr oder weniger erfolgreich damit. Wenn wir ehrlich sind und tief in uns hineinschauen, können wir erkennen, dass wir viel mehr sind, als an der Oberfläche von uns sichtbar ist. Und genau um diesen Punkt geht es, wenn ich mich selbst annehmen, mich leben will.

Wie kannst du dich selbst annehmen? Indem du erkennst, wer du wirklich bist. Dazu musst du fest auf dem Boden stehen! Den Boden (den Grund) in dir suchen, auf dem du fest stehen kannst. Ich spreche jetzt erst einmal nicht von den Wurzeln. Natürlich sind die Wurzeln auch wichtig. Denn fast alles hast du von deinen Vorfahren übernommen. Du bist mehr in das alte Programm involviert, als es dir scheint. Trotzdem solltest du erst einmal alle alten Erfahrungen beiseiteschieben. Konzentriere dich, lasse dich ganz auf dein inneres Erleben ein. Wer bist du in deiner Essenz? Was sind die wichtigsten Gedanken und Gefühle, ohne die es nicht geht? Komme ganz bei dir und in dir an. Denke darüber nach, wer du gerade jetzt bist. Aber nenne nicht nur deinen Namen oder deinen Beruf oder andere Äußerlichkeiten.

Frage dich, woran du Freude hast. Was versüßt deinen Tag? Zu welchen Tätigkeiten oder Menschen fühlst du dich hingezogen? Denke dich frei von den Tätigkeiten, die getan werden müssen oder von den Leuten, die dich ohne deine eigene Wahl umgeben. Welche Gedanken tragen dich durch den Tag? Welche Gedanken lassen dich aufleuchten? Was lässt die Sonne in deinem Herzen strahlen? Was erhellt dich? Was trägt dich? Schreibe es auf! Und notiere ebenfalls, was du über dich selbst denkst. Sind diese Gedanken positiv oder negativ? All diese Punkte machen dich aus, machen dich einzigartig.

Dich selbst annehmen bedeutet auch, für dich selbst einzustehen, für dich selbst die Verantwortung zu übernehmen und so zu handeln, dass es für dich und dein Wohlergehen gut ist. Dies hat immer mit Ausgleich zu tun. Dem Ausgleich zwischen Geben und Nehmen. Wenn du das Wort „nehmen“ nicht magst, ersetze es durch „bekommen“. Aber freunde dich damit an, dass du für alles, was du gibst, auch etwas nehmen solltest. Sonst ist der Ausgleich gestört. Wenn du dich aufopferst und hintenanstellst, dann wirst du mit der Zeit ausgelaugt sein. Opfere dich nicht auf und stelle dich nicht hintenan, denn es geht um dich!

Sprich über deine Bedürfnisse. Dann lebst du dich selbst und gibst. Du gibst die Hinweise für das, was du brauchst. Und nur, wenn du sagst, was du willst und was du brauchst, kannst du es auch erhalten. Wenn du nur darüber nachdenkst, was und wie du es gerne hättest, kann niemand dir deine Wünsche erfüllen. Denn keiner kennt deine Wünsche. Du schneidest dich also selbst vom Bekommen ab. Ganz klar: Wenn keiner deine Wünsche kennt, kann sie dir auch keiner erfüllen. Denke über deine Wünsche nach, spüre deine Wünsche. Es kann sein, dass du dich deiner Wünsche schämst. Gerade, wenn sie etwas mit deiner Begabung zu tun haben, die du dich noch nicht in die Welt zu bringen traust. Ein wichtiger Denkanstoß für dich: Es gibt so viele verschiedene Menschen auf der Welt. Von all diesen verschiedenen Menschen gibt es unzählige die genau das suchen, was du anzubieten hast. Wenn du deine Begabung für dich behältst, verweigerst du all diesen Menschen deine Hilfe.

Sei ehrlich mit dir und deinen Bedürfnissen! Sei ehrlich mit deinen Gefühlen! Nur wenn du sagst, was du brauchst und was du willst, kannst du etwas zurückbekommen. Und das, was du zurückbekommst, nährt wiederum dich und bringt dich weiter. Das ist der Kreislauf, in den du eintauchen solltest. Verstecke dich und deine Gaben nicht.

Wenn du dich verändern willst, geht das über Erkenntnisse, die du hast. Erkenntnisse können Veränderung bedeuten, wenn du sie zulässt. Frage dich, ob Erkenntnisse und Wahrheiten an dir abprallen? Ob du zulässt, dass sie dich berühren? Oder hast du eine „Schutzmauer" errichtet? Lässt du Veränderung nicht zu, weil sie dir Schmerzen verursachen könnten? Dich selbst anzunehmen, heißt, dass du Veränderungen zulässt. Alles ist im Fluss, alles verändert sich. Das ist der Lauf der Dinge, den auch du für dich akzeptieren solltest. Wenn du starr in deinen Gedanken und Handlungen bleibst, fließt du nicht im Leben mit. Frage dich, warum du denkst, dass Veränderung gleichzeitig Schmerz bedeutet? Oder ist es vielleicht nur ein kurzer, schmerzlicher Ruck, wenn sich Altes auflöst?

Dich selbst anzunehmen bedeutet auch, dass du dir gegenüber fürsorglich bist. Das Wort „Selbstfürsorge" sollte eine wichtige Bedeutung für dich bekommen. Wenn du für dich selbst sorgst, im Sinne der Erkenntnis was du jetzt brauchst, und es dir nimmst respektierst du dich selbst. Du bist dir selbst wichtig, du übergehst dich nicht, du nährst dich selbst. Hier kannst du dir folgende Fragen stellen: Machst du es dir gerne gemütlich? Umsorgst du dich (und andere) gerne? Geht es dir gut? Was willst du leben? Was ist in dir? Was bringst du von dem, was in dir ist, nach draußen? Verheimlichst du deine Bedürfnisse? Negierst du sie? Hältst du sie klein und damit dich selbst? Bist du da? Bist du präsent? Bist du aufmerksam? Oder spulst du nur dein Programm ab? Arbeitest du deine von dir selbst aufgestellte Liste ab? Entsprichst du nur den Erwartungen von anderen oder deinen eigenen? Hörst du zu? Oder lebst du im Moment und bist getaktet zwischen zwei Meetings oder hast Termine in deinem Leben doppelt vergeben, um dir kurzfristig das Beste herauszusuchen?

Oftmals stehen wir uns selbst im Weg. Wir planen, erstellen Listen, in denen mehr steht, als wir an einem Tag erledigen können. Und erst dann, ja dann, wenn alles abgearbeitet ist, was nie passieren wird, können wir uns um uns selbst und unsere Bedürfnisse kümmern. Diese Rechnung geht nicht auf! Du solltest dir Zeiten einplanen, in denen nur du und deine Bedürfnisse wichtig sind. Deine Bedürfnisse sind das, was du wirklich willst. Und nicht das, was du mitmachst, weil alle anderen es machen!

Dich selbst anzunehmen bedeutet auch, dass du einen guten Kontakt zu dir selbst und mit dir selbst hast. Eine positive Energie fließt aus dir heraus. Dein Körper und deine Körperlichkeit gehören dazu. Aber nicht mit den Dogmen, die dir von außen aufgebürdet werden: „Du bist zu dick!", „Du bist nicht rasiert!", „Du bist nicht schön genug!", „Du passt nicht zu meinem Bild, wie eine Frau sein muss – sich benehmen muss", wie auch immer. Menschen, die dich mit solchen Aussagen kleinhalten, gehören nicht in dein Leben. Vielleicht kannst du solche Menschen loslassen? Sie tun dir nicht gut.

Jede von uns kann stolz auf sich sein! Wenn du dich nur auf deine Hülle, deinen Körper reduzierst, wird das schwierig. Konzentriere dich auf das, was dich ausmacht. Dein Körper ist deine Wohnung. Du pflegst ihn mit allem was möglich ist. Wie das am besten geht, ist hier nicht das Thema; es gibt genug Bücher über Ernährung, Bewegung und Pflege. Aber auch hier nimmst du dir das, was für dich stimmig ist, was dir guttut, was dir ein gutes Gefühl gibt, was dich mit dir selbst verbindet. Du stehst fest auf dem Boden! Du sorgst für dich selbst im Sinne der Selbstfürsorge.

Du erkennst, was gut für dich ist, was dir dient, zu was du stehst und für was du stehst.

Wenn du denkst, dass du einen Kompromiss eingehst, dann tust du das wahrscheinlich auch. Hier solltest du anhalten, in dich gehen und dich selbst fragen, wie du die Situation so verändern kannst, dass sie für dich stimmig ist. Zu viele Kompromisse machen dich selbst zu einem Kompromiss. Auch wenn du davon vielleicht noch gar nicht überzeugt bist: Du hast das nicht nötig! Und je schneller du das erkennst, desto besser wird es dir gehen.

Die Werte, die du von deinen Eltern übernommen hast, und die Erziehung, die du genossen hast, spielen bei diesem Thema mit hinein. Denn all das beeinflusst, wie du über dich selbst denkst, was du dir erlaubst, wie du dich selbst und deine Chancen siehst. Musstest du immer duldsam sein? Oder waren deine Vorbilder kompromisslos? Haben sie ihre Bedürfnisse offen ausgedrückt, oder nur „im stillen Kämmerlein" davon geträumt? Und hier geht es nicht nur um deine Eltern, sondern auch um deine Großeltern, deine Urgroßeltern (die du wahrscheinlich gar nicht kennst) und noch weiter zurück. Mache dir ein kurzes Bild davon, wie viele Menschen dich beeinflussen. Denn auch deine Eltern haben dir Verhaltensweisen mitgegeben, die sie wiederum von ihren Eltern und die sie wiederum von ihren Eltern vorgelebt bekommen haben. Du verstehst schon. Alle haben das Beste gewollt und getan - auf ihre Art und Weise. Sie haben es so gut gemacht, wie sie konnten. Und mit den äußeren Einflüssen kommen noch mehr dazu, die Einfluss auf dich haben und hatten. Das sind ganz schön viele … Aber die gute Nachricht ist: Du stehst in der Mitte! Du hast die Wahl. Die Wahl, wenn du erkennst, was du wirklich sein willst!

Denke darüber nach, wie es war damals. Vielleicht ist der Blick zurück unangenehm. Und es geht nicht darum, dich oder jemanden aus deiner Familie zu verurteilen. Es geht um Erkenntnis. Es geht darum, dass du erkennst.

Wenn du geliebt wurdest, weil du etwas besonders gut gemacht hattest, dann bist du vielleicht heute strebsam. Du willst im Außen alles richten. Auch wenn es im Inneren nicht immer bequem für dich ist.

Wenn du geliebt wurdest, weil du möglichst ruhig und unauffällig warst, forderst du vielleicht nicht das für dich ein, was du für dich und dein Seelenleben brauchst.

Wenn du immer für andere da sein musstest (kleine Geschwister gehütet hast), anstatt dich selbst zu entfalten, könnte das heute auch ein Problem für dich sein.

Wenn du herumkommandiert wurdest und Dinge tun musstest, die deinen eigenen Bedürfnissen komplett widersprachen, lässt du dich vielleicht von anderen wie ein Spielball behandeln, weil du dich selbst nicht mehr genug fühlen kannst.

Dies sind nur einige Beispiele für das, was du erkennen kannst, wenn du genau hinschaust. Es geht nicht darum, eine „Therapie" zu machen und dich nur mit deiner Vergangenheit zu beschäftigen. Es geht darum, im Hier und Jetzt, eine präsente, lebensfrohe Frau zu werden, die ihren Weg in Liebe und Übereinstimmung mit ihrem eigenen Weg geht. Es geht um Selbstermächtigung.

Wichtig ist, dass du erkennst, dass du eine Daseinsberechtigung hast, weil du hier auf der Erde bist. Diese Erkenntnis nimmt den Druck von dir. Den Druck zu glauben, dass du kein vollwertiges Mitglied der Gesellschaft bist, wenn du nicht dieses Ergebnis bringst oder jenes beiträgst. Dein Dasein gilt als Berechtigung. Punkt. Du bist wertvoll. Du bist wichtig.

Wir Frauen haben so viel verloren in den letzten Jahrhunderten. Uns wurde so viel weggenommen. Und nun, genau jetzt, machen wir uns gemeinsam auf den Weg, all das wieder in die Welt zu bringen. Jede Einzelne von uns ist mit ihrer Einzigartigkeit extrem wichtig für das Große und Ganze.

Lasse einen Neuanfang für dich zu! Erlaube ihn dir!

Entwickele Mitgefühl mit dir selbst, gehe gnädig und gütig mit dir um. Wie schaffst du das? Alles ist bereits in dir, du musst es nur wieder „ausgraben", für dich zulassen. Öffne dich und wende dich dir wieder zu. Erkenne deinen Selbstwert, nehme dich selbst wichtig!

Sorge jetzt für dich selbst und dein Wohlbefinden, weil kein anderer es so gut kann wie du selbst. Sei es dir wert! Denk daran, dass du das – für dich – Beste verdienst. Und wenn jetzt sofort der Gedanke kommt, dass du dir das alles gar nicht leisten kannst, ist mit dem Besten nicht gemeint, dass es das Teuerste sein muss. Achte in allererster Linie darauf, was dir guttut. Alles ist da für dich.

Es geht in deinem Leben immer nur um dich! Alles, was geschieht, ist eine Botschaft an dich - natürlich auch in umgekehrter Weise. Deshalb frage dich, was du auf dich beziehst, was vielleicht gar nichts mit dir zu tun hat? An was gibst du dir die Schuld, mit dem du eigentlich gar nichts zu tun hast? Fühlst du dich schuldig? Befreie dich Schritt für Schritt von der Schuldfrage. Es ist nicht immer sofort zu erkennen. Aber mit Selbstfürsorge kommt die Erkenntnis zu dir. Denn sie bedeutet nicht nur körperliche Fürsorge, sondern auch geistige. Was tut dir gut? Was kannst du heute tun, damit es dir gut geht? Was kannst du heute sein lassen, damit es dir gut geht?

Suche nach Verhaltensweisen, die dir „seltsam" vorkommen. Welche Gedankenmuster gehören nicht zu dir? Du kannst sie finden, indem du deinen Körper und deine Gefühle beobachtest. Wo fühlst du Schmerz, wo hast du ein ungutes Gefühl, bei was weigerst du dich innerlich, wann schreit alles „nein" in dir, wo hast du Bedenken? Wo ist ein Schmerz, den du nicht gehen lassen willst? Wo ein Verhaltensmuster, dass dir nicht mehr dient? Wo hältst du dich zurück, weil du denkst, dass es den anderen nicht passt? Was machst du, weil du denkst, dass andere es so von dir erwarten? Wann spürst du ein Unwohlsein? Bei welchen Gedanken oder Tätigkeiten tritt es auf? Welche Funktionen haben diese Gedanken- oder Handlungsmuster? Wollen sie dich vielleicht vor etwas schützen, was du für dich nicht zulassen willst? Weil es Veränderung bedeutet? Weil es bedeutet, dass du dich zu dir selbst bekennst? Beobachte genau, ob du Dinge tust oder denkst, die du schon länger gerne verändern möchtest? Wo könnten sie herkommen? Warum hast du sie bis dato noch nicht verändert? Legt jemand noch wert darauf? Wenn ja, legst du noch wert darauf? Erkenne, was nicht deine eigenen Muster sind. Und fühle in dich hinein. An was hast du Freude? Was will kommen? Was will erschaffen werden? Verbinde dich mit deiner inneren Stimme und frage sie, was dir stattdessen guttun würde. Und habe Geduld, wenn du sie beim ersten Versuch nicht hörst. Sie ist da, und sie wird zu dir sprechen. Vertraue darauf!

Gib dir jetzt die Erlaubnis, zu wachsen. Gib dir den Raum - und die Zeit. Es wird wahrscheinlich nicht von heute auf morgen passieren, deshalb darfst du nicht aufgeben! Vielleicht wird der Blick, wird die Erkenntnis manchmal unangenehm sein - aber auf jeden

Fall heilsam auf dem Weg zu dir selbst und zu allem, was du in diese Welt bringen willst.

Lehne dich einfach mal zurück und tue dir etwas Gutes! Du hast es dir verdient! Breche aus dem Ergebnisdenken aus, auch wenn du dich am Anfang nur für kurze Zeit traust. Dieses köstliche Gefühl wird dich von nun an begleiten. Es ist das Gefühl deiner eigenen Entfaltung! Du bist wertvoll! Du bist das Zentrum deines Lebens, nichts führt an dir vorbei. Und so solltest du dich selbst auch behandeln!

Wenn du dich selbst angenommen hast, fühlst du dich satt. Du fühlst dich genährt und gefüllt. Du fühlst eine innere Freiheit, weil du von innen nach außen lebst. Der Platz, den vorher die Geschichten von außen eingenommen haben, wird jetzt von dir selbst eingenommen. Und das ist eine große Erleichterung.

Deine Affirmation: „Ich übernehme jetzt die Verantwortung für mich selbst, bin voller Selbstfürsorge, Selbstwertgefühl und Selbstliebe. Ich bin das Zentrum meines Lebens und so behandele ich mich auch!“

2. Kapitel

Deiner inneren Stimme vertrauen

Leider wurde die Macht, die wir Frauen einst hatten, massiv bekämpft und beschnitten. Das Ausbeuten von Menschen, Tieren und der Natur ist bedauerlicherweise heute ein ganz normales Ereignis. Und mittlerweile sollte uns allen klar sein, dass wir so nicht weitermachen können. Wenn du ganz tief in dich hineinfühlst, wirst du erkennen, dass du so auch nicht weitermachen willst. Zu viele Missstände, zu viele Baustellen, zu viele negative Nachrichten!
Deshalb wird jede Einzelne von uns gebraucht! Wenn du denkst, dass du „sowieso keine Macht hast", dass du „eh nicht mitentscheiden darfst", dass du „ein viel zu kleines Rädchen im großen Getriebe bist", dann will ich dir sagen, dass das nicht stimmt. Es kommt auf dich an! Wir Frauen müssen diesen Weg zusammen gehen! Denn ein Zusammenschluss potenziert unsere Kräfte ins Unermessliche.

Das erste Erwachen kommt damit, dass du beginnst, deiner inneren Stimme zu vertrauen. Deine innere Stimme ist mit dem Unendlichen verbunden. Das Unendliche wird dich immer nur fördern und wachsen lassen.
Nur wenige Frauen hören auf ihre innere Stimme und folgen ihrem Ruf. Ein Grund dafür ist, dass wir in unserer täglichen Routine so sehr gefangen sind, dass wir uns zeitlich gar keine Seitenschritte mehr leisten können. Wir wollen nachdenken, lesen, uns zurückziehen. Aber wir müssen kochen, arbeiten, uns um die Kinder kümmern und so viele Pflichten erledigen. Kein Wunder, dass es uns zu viel wird! Wir bekamen mit der Zeit so viel aufgebürdet, dass es gar nicht mehr möglich ist, sich einmal hinzusetzen und dem inneren Dialog Raum zu geben - oder uns selbst genug Raum zu geben. Der heilige Raum in uns, der unser Rückzugsort, unser Ratgeber, unsere Quelle der Erneuerung ist, wird meistens nur selten aufgesucht. Und es sind Tabus, die aufgestellt wurden. Im

Wörterbuch ist zu lesen, dass „ein Tabu ein ungeschriebenes Gesetz ist, das aufgrund bestimmter Anschauungen innerhalb einer Gesellschaft verbietet, bestimmte Dinge zu tun". Und an diese Tabus halten wir uns natürlich. Natürlich? Warum? Das alles sind äußere Vorgaben. Erwartungen, die von anderen stammen. Warum solltest du andere Erwartungen erfüllen als deine eigenen? Es sind Prägungen, die wir erhalten haben. Aber sind sie für dich noch stimmig? Es ist nicht immer einfach, aus diesen Prägungen herauszukommen, denn sie sind ein Teil von uns geworden. Sie sind „normal", während alles andere „unnormal" ist. Und hier kommt die innere Stimme ins Spiel! Denn mit ihr kannst du dich neu einrichten. Durch die Führung deiner inneren Stimme kannst du ausleben, was du wirklich bist: mächtig – göttlich – wunderbar - stark.

Wenn du deine innere Stimme hörst, sie dir Tag für Tag etwas mitteilt, mal lauter und mal leiser, und du sie ignorierst, lebst du dein volles Potential nicht aus - dein inneres Feuer, dein inneres Leuchten – alles, was du sein und haben könntest, bleibt ungenutzt.

Heute kannst du anfangen, deinen Tag zu beobachten - jede einzelne Tätigkeit. Machst du sie mit Freude und Liebe? Erhellt sie dein Leben? Fühlst du dich stark und mächtig, während du das tust? Oder muss es einfach getan werden? Tust du es, weil du es schon immer tust? Weil du es dir selbst auferlegt hast oder jemand anders?

Ja, aber wie soll ich sonst mein Geld verdienen? Was würdest du denn am Allerliebsten tun? Mit welcher Tätigkeit dein Geld verdienen?

Ja, aber was passiert mit meiner Familie, wenn ich es nicht tue?

Ja, aber …

Schreibe auf, wo es hängt, wo es knirscht, was nicht mehr passt. Und höre in dich hinein, wie es besser laufen könnte. Besser für dich wohlgemerkt!

Wichtig sind zwei Dinge: Du musst entschlossen sein, etwas verändern zu wollen, und du musst dir die Veränderung jetzt (!) erlauben. Warte nicht, bis …

Du hast das Recht dazu! Du hast das Recht, alles zu leben und zu sein! Wenn du fühlst, dass etwas in deinem Leben dir nicht mehr entspricht, dann arbeite daran. Wie kann es anders sein? Wie kann es gehen, damit ich mich besser fühle? Lass alles los, von dem du fühlst, dass es nicht zu deinem Leben gehört. Und ja, du bist wichtig! Du bist die Hauptperson in deinem Leben!

Die Entschlossenheit, etwas zu verändern, schließt auch ein, dass du mit Betroffenen über die Situation sprichst. Es geht diese Menschen auch etwas an! Ob du ihnen erklärst, warum du dich so fühlst und warum du etwas verändern willst, bleibt dir überlassen. Wichtig ist, dass sie deine Entschlossenheit erkennen. Kompromisse bist du lange genug eingegangen. Wenn keine Veränderung eintritt, solltest du die Situation verlassen.

Und damit sind wir angekommen beim Thema Schuld. Trägst du nun die Schuld? Fühlst du dich schuldig? Halten die Tabus und Erwartungen dich klein, weil sie die Schuldfrage stellen? Frage dich: Ist es wirklich deine Schuld, dass andere von dir etwas erwarten, was du nicht geben oder leisten willst oder kannst? Eben! Du musst das Leben verfolgen, das dir entspricht. Wenn du das Leben einer anderen lebst, dann bist du nicht du selbst. Und genau das fühlt sich so groß, heilig und lichtvoll an: du selbst zu sein!

Und ebenfalls sind wir angekommen beim Thema Erlaubnis. Viele Frauen suchen jemanden, der ihnen die Erlaubnis gibt, etwas zu tun. Du brauchst niemanden um Erlaubnis zu fragen, außer dich selbst. Du bist eine freie Frau. Du hast alle Möglichkeiten

und alle Freiheiten. Nur du selbst bist ermächtigt, dir die Erlaubnis zu geben. Wenn du dir selbst die Erlaubnis gegeben hast, dann öffne dich. Wenn du offen bist, können all die neuen Ideen zu dir gelangen. Manchmal kommen sie durch andere Personen, Fernseh- oder Radioberichte oder durch Buchtitel oder Artikel, von denen du irgendwo liest oder hörst, zu dir. Du musst nur offen sein, um zu erkennen, dass dies für dich bestimmt ist.
Und wir sind angekommen bei der Frage, ob du es wert bist und ob du das wirklich verdient hast. Du bist ein göttliches Wesen! Du bestimmst, was du für dich zulässt. Je größer du denkst und je mächtiger du dich selbst siehst, desto mehr wirst du erkennen, wie wertvoll du bist! Und wie sehr du all das Gute verdient hast, von dem du heute vielleicht nur träumst. Ermächtige dich selbst! Glaube daran, dass nur das Beste gut genug für dich ist und handele auch danach! Und erschrecke nicht vor deiner eigenen Großartigkeit! Scheue dich nicht, all das zu fühlen und zu leben!

Veränderung ist nicht immer einfach. Für dich vielleicht schon, denn du wirst deine Grenzen und Beschränkungen los. Aber nicht immer für dein Umfeld. Manche haben einen Grund dafür, dich klein zu halten und machen dir ein schlechtes Gewissen. Oder erinnern dich an etwas, was in der Vergangenheit geschehen ist, von dem sie glauben, dass es dich an sie bindet.
Wichtig: Du bist nicht die Ereignisse, die dir in der Vergangenheit passiert sind. Sie sind dir passiert, aber sie sind nicht du. Du hast sie erlebt, aber du kannst dich darüber erheben und jeden Tag neu und „unbefleckt“ beginnen. Mit neuen Gedanken, neuen Gefühlen und neuen Taten.
Höre auf deine innere Stimme und fange erst einmal mit einem Thema an, das am dringendsten für dich ist. Gehe Schritt für Schritt vorwärts und beobachte, wie du dich dabei fühlst. Wie deine Macht und dein Glauben erwachen. Wenn du dich selbst

lebst, bist du niemals schuldig. Nur du allein kannst dir die Erlaubnis geben. Wenn du denkst, da ist jemand anderes, der das tun muss, stellst du diesen Jemand über dich selbst.
Vielleicht denkst du jetzt sofort an Kampf? Kampf ist ein männliches Thema. Denke an die Liebe. Denke an deine innere Stimme und daran, dass sie mit dem Göttlichen verbunden ist. Das, was sie dir sagt, sagt sie, weil sie dich liebt und dein Vorankommen, dein Wachstum fördern will. Wenn du dir deiner inneren Stimme sicher bist, dann ist das, was sie dir sagt, stimmig. Und du tust das, was sie sagt, aus Liebe, und aus deiner inneren Überzeugung heraus.
Empfange und vertraue. Das sind ganz wichtige Eigenschaften, die du dir zum Thema „innere Stimme" merken solltest. Du empfängst die Ideen deiner inneren Stimme. Du hast einerseits das Vertrauen, dass die Kraft in dir wächst, dass die Idee in dir wächst. Andererseits vertraust du dir selbst, dass du diese Idee umsetzen kannst. Und dann gebärst du sie in die Welt. Ohne auf Moralapostel und Besserwisser zu achten. Das ist das weibliche Prinzip: empfangen, vertrauen auf Wachstum, gebären. Das verhält sich mit Babys und Ideen gleichermaßen.
Sei bereit für deinen Neubeginn. Entwickele neue Ideen, lebe sie aus, gehe neue Wege.

Eine wichtige Frage, die du dir zu diesem Thema stellen musst, ist: Wer bin ich wirklich? Und auch: Wer will ich sein? Wenn du beginnst, dein Leben zu beobachten, werden sie dir auffallen: die Rollen, die du spielst und die Masken, die du trägst. Und die Geschichten, die du erzählst - dir selbst oder anderen. Bist das wirklich du? Hat all das mit dir zu tun, mit deiner Essenz, deiner Wirklichkeit? Jetzt ist der richtige Zeitpunkt, all das zu hinterfragen, was gar keinen Sinn mehr für dich macht. Sei ganz ehrlich zu dir selbst. Wer bist du wirklich? Rücke zu deinem Wesenskern vor,

nimm alle Masken ab. Erkenne die ungeschminkte Wahrheit, denn sie ist großartig. Der Schatz liegt in dir.
Vielleicht hast du deine innere Größe bereits erkannt oder du kannst sie in dir spüren. Oder du nimmst erst ein kleines Zipfelchen davon wahr. Oder du bist noch im Zweifel. Warum sagen Religion und Wissenschaft immer wieder, dass wir unbeschränktes Potential haben? Wo ist es zu finden? Es ist in dir selbst zu finden - wenn du genau hinschaust und zuhörst. Wenn du vertraust, und wenn du dich traust! Wenn du dich heute gefangen fühlst, dann ist das so, weil du dein grenzenloses Potenzial nicht lebst. Schon allein der Gedanke daran, dass alles für dich möglich ist, erhellt dein Gefühl. Und der Gedanke daran, dass du fähig bist, dass du dazu in der Lage bist, das alles zu erreichen, stimmt dich freudig.
Aber du musst anfangen, du musst beginnen. Deine innere Stimme ist ein wichtiges Werkzeug dabei, denn sie weist dir den Weg. Du kannst es tun! Die alten Erfahrungen loslassen und neu beginnen.
Deine innere Stimme führt dich mit ihren Hinweisen direkt zu deiner Schöpfungsenergie. Wenn du etwas erschaffst und nach außen bringst, bist du lebendig. Das ist die Unbeschwertheit des Lebens, die Leichtigkeit, die wir uns alle wieder wünschen.
Frage dich, ob du deiner inneren Stimme zuhörst; ob du erkennst, wenn sie zu dir spricht; ob du mit ihr in Dialog gehst; ob du dich selbst beobachtest. Beobachte, ob du deiner inneren Stimme vertraust und ob du dich von ihr führen lässt.
Verbanne deine Zweifel, denn du bist stark, sicher und würdig!
Die Beziehung, die du zu dir selbst hast, soll von Lachen und Verständnis und Freiraum geprägt sein. Denn dann bist du in deiner vollen Kraft.

Deine Affirmation: „Ich höre auf meine innere Stimme, die mir sagt, wer ich wirklich bin. Ich finde heraus, verändere oder lasse los, was mir nicht dient.“

3. Kapitel

Deine Schöpfungsenergie nach außen bringen

Bist du kreativ? Was heißt das überhaupt? Kreativität bedeutet, dass du eine schöpferische Kraft besitzt. Du hast eine innere Kraft, Dinge in der Außenwelt sichtbar zu machen, zu gestalten. Du hast eine Idee, um etwas zu erschaffen, wo noch nichts ist oder so noch nicht da war. Oder etwas Neues aus dem Vorhandenen zusammenzusetzen. Oder eine Idee, wie du einen Mitmenschen bei einer Herausforderung unterstützen und ihm helfen kannst. Jeder Mensch besitzt Kreativität in sich. Leider haben wir meistens nicht die Zeit oder den Mut dazu, diese Ideen umzusetzen.
Deine Kreativität ist Ausdruck deiner persönlichen Note im Leben. Es ist deine erschaffende Kraft, die sich in allem wiederfindet, was du in die Welt bringst und bereits gebracht hast. Deine Schöpfungsenergie ist ein Teil von dir. Aber gleichzeitig zapft sie das große Ganze an, in dem alles bereits vorhanden ist, was du brauchst. Manchmal ist dieser Energiefluss gewaltig. Man sieht das bei Künstlern oder Kindern, die stundenlang in ihr Werk vertieft sind.
Jede von uns hat das innere Bedürfnis, sich auszudrücken. Leider zählen meistens nur Zahlen und Fakten. Alle Kreativität wird als „Spinnerei“ abgetan, wenn sich damit kein Geld verdienen lässt. Doch wenn wir Frauen unsere Kreativität nicht frei ausleben (dürfen), dann fehlt uns ein wichtiger Teil unseres Selbst. Wenn wir kreativ sind, befinden wir uns in unserer Mitte, wir schöpfen aus einer Quelle der niemals versiegenden Kraft.
Wenn du jetzt denkst, dass du nicht kreativ bist, dann denke darüber nach, wo du Kreativität in dein Leben bringst. Manchmal sind das so selbstverständliche Dinge, die du gar nicht auf dem Schirm hast. Es sind die Themen, die dein Herz mit Liebe erfüllen, die in dir eine Sehnsucht nach mehr aufkommen lassen. Vielleicht ist es bei dir das Schreiben, das Kommunizieren, das Reden verfassen, das Gedichte vortragen oder schreiben, das Dekorieren

oder Blumen arrangieren, das Basteln oder Heimwerken, das Kochen, das Singen, das Schmücken, das Malen oder den Garten schön zu gestalten … Kreativität drückt sich in ungezählten Dingen aus, die du tust. Es ist wichtig, dass du deine Kreativität findest und auslebst. Du kannst eine Antwort finden, wenn du dich fragst, was du als Kind gerne getan hast; in der Zeit, als wir noch unverfälscht waren und unsere Kreativität voll gelebt haben.
Wenn du deine Kreativität lebst, siehst du über den Tellerrand hinweg. Du nimmst Ideen und Lösungen aus dem Feld der universalen Kraft auf. Du denkst, fühlst und handelst nach deinem inneren Kompass, der dir den richtigen Weg weist. Du kommst in deinen natürlichen Flow. Du wirst kraftvoll, weil du dich mit der unerschöpflichen Kraft verbindest. Menschen, die aus dieser Kraft schöpfen, fallen durch Hingabe, Leidenschaft und Begeisterung für das auf, was sie erschaffen. Sie sind ausgeglichen, sie erschaffen wichtige Dinge, die in die Welt kommen müssen. Der Ausdruck der Kreativität ist ein Bedürfnis. Ein Bedürfnis, dass du nicht einsperren oder unterdrücken solltest. Denn es bringt dich in den Fluss, in die Leichtigkeit, in die Freude zurück. Und es macht dich stolz! Wenn du erkennst, was alles aus dir herausströmen kann und will und wird, erfüllt dich das mit Stolz. Lass alle Gedanken daran los, dass das, was du tust, nicht wichtig ist! Für dich ist es wichtig! Und du bist schließlich die Hauptperson in deinem Leben!
Der erste Weg zur Veränderung ist die Anbindung an diese kreative Quelle. Hol dir die Begeisterung zurück! Lass dich inspirieren! Wenn du dir nicht sicher bist, probiere verschiedene Dinge aus. Lass das Gefühl der Lächerlichkeit los. Nichts ist lächerlich, wenn es dir gefällt, dich inspiriert und dir ein gutes Gefühl gibt! Entfalte deinen freien Geist!

Das Erwachen deiner Kreativität hat immer etwas mit deinen Sinnen zu tun. Was schmeckst, riechst, siehst, hörst und fühlst du? Welche Bilder erscheinen dazu in deinem Kopf? Was inspiriert dich? Was würdest du gerne kreieren? Was willst du ausdrücken? Was will sich durch dich ausdrücken? Lass deine Schöpfungsenergie fließen! Erschaffe! Was immer du nach außen bringst, ist ein Teil von dir! Deine ureigene Energie befindet sich in deinen Kreationen. Je mehr du diese Energie fühlst und dir erlaubst, sie auszuleben, desto erfüllter und reicher wird dein Leben. Kannst du dich selbst fühlen? Spürst du das Leben, das neu in dir erwacht? Fühlst du die Energie, die dich beflügelt, wenn du in deiner Kreativität aufgehst und wunderbare Dinge erschaffst? Diese Dinge werden auch andere Menschen berühren, wenn du sie nicht für dich behältst, sondern an die Öffentlichkeit bringst.
Wenn du erschaffst, entfachst du dein inneres Feuer, das dich erhellt und wärmt. Bist du bereit, diese Energie zu fühlen und sie anzunehmen? Kannst du die Kraft spüren, die mit diesem niemals erlöschenden Feuer in dir einzieht? Bist du bereit, sie zu leben? Kannst du fühlen, dass das Feuer in deiner Seele brennt? Wie kannst du es leben, wie dein Leben danach ausrichten?

Wir wurden dazu erzogen, erst die Arbeit zu machen und uns dann dem Vergnügen zu widmen. Erst ist die Pflicht zu erfüllen und dann kommt die Kür. So viel versagen wir uns selbst, weil unser Pflichtbewusstsein stärker ist. Wenn wir aber das tun, für das unser inneres Feuer brennt, fühlt es sich nicht mehr wie Pflichterfüllung an. Es ist das pure Vergnügen.
Wo fühlst du ein Sehnen, wo spürst du einen Impuls? Wo führt die Intuition dich hin? An was denkst du, wenn du deine Gedanken frei wandern lässt? Gib dir selbst die Erlaubnis, es einfach zu tun! Würdige dich selbst, indem du das in dein Leben einbaust,

was für dich wichtig ist. Nicht immer nur funktionieren zu müssen, baut Stress ab. Wie kannst du wieder zu dir selbst finden? Indem du deine To-do-Liste nicht mehr randvoll füllst, indem du Platz lässt für dein Leben, für deine Schöpfungen. Indem du dich nicht mehr von der Perfektion anstacheln und hetzen lässt. Perfektion macht dich klein. Es ist ein Kampf gegen die Windmühlen. Du bist perfekt, wie du bist - mit all deinen Fehlern und Unzulänglichkeiten! Zeige dich so, wie du bist. Denn dann kommt all das Schöne zum Vorschein. Dann verbindest du dich mit deiner inneren Energie.

Hier kommen wir zu einem wichtigen Punkt. Wie zeigst du dich anderen? Zeigst du dich so, wie du bist? Oder so, wie sie dich haben wollen? Lässt du zu, dass andere dich einengen mit ihren Forderungen an dich? Lässt du zu, dass du dein Leben nur mit halber Kraft lebst, weil so viel zu tun ist, dass keine Zeit mehr für das Wesentliche bleibt? Oder tust du die Dinge von dir aus, weil du vor anderen gut dastehen willst? Weil du etwas beweisen willst? Weil du anderen, außer dir selbst, etwas beweisen willst?

Und wie ist es mit deinen Plänen? Planst du alles vorab? Oder lässt du dir auch Lücken, um spontan kreativ zu sein? Was passiert, wenn du eine Idee hast, die dich zutiefst begeistert? Drückst du sie dann nieder und folgst deinem vorgefertigten Plan? Oder wird alles andere unwichtig, bis du diese Idee wenigstens in allen Einzelheiten aufgeschrieben hast? Kannst du dem Fluss deiner Seelenenergie folgen, wenn sie sich dir zeigt oder vertröstest du sie auf später?

Es kann sein, dass jetzt Zweifel in dir hochkommen. Warum soll ich das tun? Warum malen, schreiben, dekorieren? Das hat doch gar keinen Wert? Doch, denn es hat einen Wert für dich. Den Wert, dich in deine eigene Schöpfungsenergie zu bringen. Du musst dich nicht fragen, welchen Wert es für andere hat. Wichtig

ist, dass es einen Wert für dich hat. Natürlich sind wir so erzogen, dass nur der Leistungsgedanke zählt. Natürlich müssen wir etwas vorweisen. Natürlich kann nichts wirklich wertvoll sein, was keinen Wert schafft. Jedoch für dich ist diese Art der Arbeit wichtig und wertvoll. Sie ist keine Zeitverschwendung, denn sie bringt dich in ein neues Bewusstsein und gibt dir Zugang zu deiner Energie. Jeder Mensch hat eine Aufgabe zu erfüllen - eine wichtige, wahre Aufgabe. Und diese Aufgabe offenbart sich dir am besten, wenn du im Fluss bist, die Energie, die aus deinem Inneren kommt, herauslässt.
Sicher spielen hier auch deine Glaubensmuster eine wichtige Rolle! Glaubst du an dich? Glaubst du an deine Wichtigkeit? Glaubst du daran, dass du etwas Besonderes bist? Glaubst du daran, dass du einzigartig bist?
Du hast ein einzigartiges Talent. Etwas, das von dir in diese Welt gebracht werden will. Ein Glaubensmuster kann zum Beispiel sein, dass du dich nicht für talentiert hältst. Oder du redest dir ein, dass du es nicht kannst. Oder, dass du es nicht wert bist, deine Schöpfungskraft zum Vorschein zu bringen. Oder du lenkst deinen Blick mal wieder auf dein Umfeld: „Was werden sie sagen?" oder „Sie lachen mich aus!"
Das alles ist ein Zeichen dafür, dass du dich noch nicht wichtig genug nimmst. Dass du dich selbst nicht ernst nimmst mit deinen Gefühlen und deiner Schöpfungsenergie. Aber jetzt, wo es ausgedrückt und aufgeschrieben wurde, kannst du es selbst fühlen, wenn es dich betrifft. Wenn du dich selbst lebst, bist du bereits kraftvoll und energiegeladen.

Überprüfe deine Einstellung! Deine Einstellung ist wichtig, sie ist mit das Wichtigste auf deinem Weg. Deine Einstellung beeinflusst dein Leben. Ein Beispiel: Du musst heute waschen, putzen, einkaufen? Jetzt kannst du denken: „All die Arbeit bleibt wieder an

mir hängen. Ich bin wirklich die Slavin für alle hier! Ich habe gar keine Lust dazu!“
Oder du kannst all das als einen Schaffensprozess ansehen. Lass deine Energie fließen und erschaffe: ein leckeres Essen oder ein sauberes Umfeld! Natürlich sollst du dir helfen lassen und deine Freiräume einfordern. Und natürlich sollst du deine eigenen Ziele verfolgen und nicht nur Pflichten haben, ganz klar. Aber was zu tun ist, kannst du mit einer positiven Einstellung tun, denn sie erleichtert dir das Leben ungemein. Deine positive Einstellung lässt dich auch anderen Menschen gegenüber anders auftreten. Du wirkst anders, weil du keinen inneren Kampf ausfechtest. Diese Energie können deine Mitmenschen spüren.

Dein Glaube, was Leben und Spiritualität bedeutet, beeinflusst auch deinen Glauben an dich selbst. Glaubst du daran, dass das Universum - die göttliche Kraft - dich unterstützt? Wenn ja, hast du die größte Kraft und Macht an deiner Seite, die es gibt! Was kann also passieren? Du hast die Schützenhilfe der absoluten Energie in dir und um dich herum! Wie klein werden da auf einmal die Probleme, die du dir selbst einredest! Und frage dich weiter: Was stimmt wirklich und was redest du dir gerade ein? Ist es die Wahrheit, was du über dich selbst glaubst? Oder nur ein weiteres Gedankenmuster, das gar nicht zu dir gehört?
Alles, was du dir wünschst und nicht probierst, hieße, an der göttlichen Kraft, an der ganzen Schöpfung zu zweifeln! Nicht vollends alles auszukosten, anzunehmen und umzusetzen, hieße, der Schöpfung vor den Kopf zu stoßen! Und wenn du davon ausgehst, dass du alle Lektionen des Lebens so lange präsentiert bekommst, bis du sie gelernt hast, was würde das dann für dein nächstes Leben - für deine nächsten Leben - bedeuten, wenn du alles, was du herausbringen willst, jetzt immer noch nicht tust!

Wenn du es jetzt tust, kannst du so unendlich viel gewinnen. Wenn du es jetzt nicht tust, hast du schon so unendlich viel verloren!

Deine Affirmation: „Ich öffne mich für die Energie, die meiner inneren Quelle entspringt. Ich folge meinen Impulsen und bringe meine Schöpfungen voller Stolz nach außen."

4. Kapitel

Missgunst, Neid und Konkurrenzdenken loslassen

Eigentlich sind alle Frauen Schwestern. Doch lange, lange ist es her, dass wir uns verbunden gefühlt haben. Wann haben sich Frauen als Einheit gefühlt? Als die Männer jagen waren, und die Frauen zusammen Nahrung gesammelt und gemeinsam auf den Nachwuchs aufgepasst haben. Denn damals waren sie eine Einheit, haben zusammengelebt und waren aufeinander angewiesen. Wir müssen uns vor Augen halten, dass wir alle in unserer weiblichen Kraft verbunden sind. Wenn eine von uns weiterkommt, kommen wir alle weiter.
Deshalb solltest du deine Mitfrauen mit Wohlwollen und Respekt behandeln. Denn damit behandelst du dich selbst mit Wohlwollen und Respekt. Wenn du dich selbst respektierst, bist du ehrlich dir selbst gegenüber. Wenn du dir selbst gegenüber ehrlich bist, handelst du nach deinen Wünschen und Bedürfnissen. Frage dich: „Was erlaubst du dir zu denken, zu fühlen, zu sagen, zu tun, zu verwirklichen?" Handelst du so, wie du es gerne hättest? Gibst du dir selbst die Erlaubnis dafür? Wenn du nicht vorwärts gehen kannst, dann sind es nicht die äußeren Umstände. Du selbst bist es, die die äußeren Umstände etwas mit dir machen lässt. Du selbst gibst die Macht ab. Du selbst gibst den äußeren Umständen die Macht! Und nur du selbst kannst dir die Macht verleihen, etwas zu verändern. Das ist Selbstermächtigung! Keiner kann dir etwas verbieten!
Woher kommen unsere inneren Fesseln? Was uns nicht weitergehen lässt, ist unsere eigene Vorstellung davon, wie wir zu sein haben und wie wir etwas zu tun haben. Doch woher kommt diese Vorstellung? Meistens von den Menschen, die unsere Vorbilder sind. Oder von den Menschen, die uns erzogen haben. Diese Vorstellung haben wir angenommen, es ist nicht unsere eigene Vorstellung! Sie wurde uns eingeprägt in einem Alter, als wir noch nicht einmal selbst darüber entscheiden konnten, was wir wollten. Auch hier tragen wir keine Schuld. Nur, wenn wir jetzt nicht

anfangen, all diese Vorstellungen nach unserem Geschmack zu verändern und nach unseren Vorstellungen zu leben, sind wir schuldig. Wir werden schuldig uns gegenüber.
Jetzt ist es an der Zeit, dass du deine Welt veränderst. Dass du dir deine Welt so gestaltest, wie du sie haben willst. Und diese Veränderung kannst nur du allein in die Welt bringen. Am besten geht dies zusammen mit anderen Frauen. Frauen, denen du vertrauen und von deinen Plänen und Träumen erzählen kannst. Frauen, die mit dir fiebern, mit dir begeistert sind, den Weg mit dir gehen.
Wenn du tief in dich hineinfühlst, ist dir Frieden wichtig, ist dir Harmonie wichtig und geborgen sein im Kreis von wohlwollenden Menschen.
Kannst du den Schmerz fühlen, wenn du siehst, wie die Erde, die Tiere und viele Menschen und Kinder heutzutage behandelt werden? Es ist der Schmerz der fehlenden Verbundenheit.
Wenn du noch tiefer in dich hineinfühlst, erkennst du, dass du ein Teil der Lösung für all diese Probleme und Herausforderungen bist.

Dieses Gefühl, dass du ein Teil der Lösung bist, dass du die Welt retten kannst, ist dasselbe Gefühl, dass du als junge, freie Frau hattest, die nächtelang mit ihren „Mädels" gequatscht und gefeiert hat und mit ihnen Urlaube und andere Abenteuer erlebt hat. Es ist das Gefühl der Ungezwungenheit. Das Gefühl, dass alles für dich möglich ist. Das Gefühl, das du in dir wiederbeleben sollst. Es war ein Gefühl der Vereinigung. Der Vereinigung mit Menschen, die dir lieb und teuer waren und vielleicht auch noch immer sind. Wie kraftvoll und getragen hast du dich gefühlt? Das ist die Energie zwischen Frauen, die ohne Missgunst, Neid und Konkurrenzdenken auskommt. Die Energie, die gibt. Ohne zu fragen, was dafür zurückkommt. Die Kraft, die dich stärkt und nicht schwächt. Die Kraft des Miteinanders zwischen den Frauen, die so wichtig ist, um für jede Einzelne eine Veränderung zu bewirken. In der Gemeinschaft wohlwollender Frauen kannst du wieder du selbst sein. Und wir können noch einen Schritt weitergehen. In der Gemeinschaft der Frauen können wir uns gegenseitig Ratgeberinnen sein. Jede von uns ist präsent, jede antwortet mit ihrer Intuition, mit der inneren Stimme, die das universelle Wissen anzapft. Diese Intuition ist die beste Ratgeberin, die wir haben. Wenn du dich wunderst, woher andere dieses Wissen haben oder woher du dieses Wissen hast: Es ist bereits ein Teil von dir, es fließt aus dir heraus.

Abgeschnitten von anderen Frauen scheinen Probleme und Sorgen, die du hast, viel schwerer zu wiegen. Der Grund ist, weil du dich nicht mit anderen zusammenschließt, denen es ähnlich geht oder die schon vor dir durch diese Situation gegangen sind und dir mit Rat und Tat zur Seite stehen können. Suche dir eine Gruppe von Frauen, die dir wohlgesinnt ist. Scheue dich nicht, über alles, was dich beschäftigt, zu sprechen. Wenn du das nicht tun kannst oder willst, höre anderen dabei zu, die von ihren Herausforderungen ähnlicher Art erzählen. Lass sie deine Vorreiterinnen sein, bis du selbst den Mut hast, zu sprechen. Suche dir eine „Familie" von Frauen, die dich begleitet und unterstützt. Und die du im Gegenzug begleiten und unterstützen kannst. Wenn du in einer Situation schwach bist, kann eine andere Frau dir Halt geben. Wenn die andere Frau in einer Situation schwach ist, kannst du ihr Halt geben. Es ist ein gegenseitiges Geben und Nehmen, das mit Geld nicht aufzuwiegen ist.
Du wirst erkennen, dass es viele Frauen mit denselben Problemen gibt.

Du wirst erkennen, dass es nicht deine Schuld ist, sondern die Kultur, die Gesellschaft, die Erziehung, die andere und dich zu dem gemacht haben.
Wenn du das verstehst, kannst du dieses Korsett abstreifen, und, in der Zusammenarbeit mit anderen Frauen, Lösungen finden. Du kannst erkennen, was dir nicht dient. Und du kannst erkennen, wie du stattdessen sein und leben willst.
Fühlst du die Kraft, die in der Verbindung mit anderen Frauen liegt? Die Kraft der Familie, die Kraft der Schwestern, die Kraft der Freundinnen. Wenn ihr euch zueinander bekennt und ein Feld der Gemeinschaft öffnet, euch zusammenschließt, wird auch eure Kraft miteinander verschmelzen. Du trittst aus deinem Schatten der dir aufgebürdeten Konventionen hinaus und beginnst ein neues Leben. Wenn du das zusammen mit einer Gruppe Gleichgesinnter tust, wird sich die ganze Welt verändern. Denk daran, dass du alles, was du erschaffst, nicht nur für dich allein erschaffst. Du tust es für alle Frauen, du tust es für die Generationen, die dir folgen werden. Was für ein großes Bild ist das? Was für ein großes Ziel ist das, selbstermächtigt dein Leben zu leben!
Mit diesem Ziel, das eine Kraft, ein Feuer in dir entfacht, gibt es keine Ausrede mehr, dich nicht aus deinen Zwängen zu befreien. Wenn du jetzt denkst, das wäre doch dein ganz normales Leben – so, wie es jetzt läuft – dann schau dich in der Welt um. Schau dich in den vielen Gruppen um, die wir dank Internet heute ganz leicht erreichen können. Wo kannst du dich einsetzen? Von welchen Zwängen kannst du dich befreien? Wie haben dies gleichgesinnte Frauen bereits getan? Wie kann dein neues Leben aussehen? Was wünschst du dir für dich und deine Töchter? Und was sollen sie auf keinen Fall miterleben? Was muss sofort gestoppt werden?

Wenn du dich umschaust, wirst du nicht nur viele Ideen darüber bekommen, was zu tun ist und wie andere Frauen dabei vorgehen. Du wirst auch erkennen, was du selbst tun kannst, um dich und somit die ganze Welt zu verändern. Vielleicht geht dir das Leid deiner Mitgeschöpfe unter die Haut und du beschließt, kein Fleisch mehr zu essen, und andere zu informieren, wie sie sich anders ernähren können. Oder du kannst nicht verstehen, warum fast alles in Plastik eingepackt wird und beginnst, nichts mehr in Plastik einzukaufen und machst später einen Unverpackt-Laden auf. Oder du erkennst ein Leid in deiner Nachbarschaft und beseitigst es direkt. Später wird eine Selbsthilfegruppe daraus.
Du darfst nicht denken, dass du keine Macht hast. Was dir am Anfang wie eine kleine Flamme erscheint, wird Feuer fangen, wenn du dranbleibst; und, wenn du Frauen an deiner Seite hast, die dich unterstützen und die du unterstützt.

Die Zeit, die wir im Moment durchleben, ist eine wichtige Zeit. Sie lässt uns erkennen, dass unser „Normal“ gar nicht normal ist. Der Stress und der Druck des Alltags, die auf Frauen lasten, sind immens. Aber im Moment können wir erkennen, dass alles anders wäre, wenn wir nicht mehr mitmachen würden. Im Moment dürfen wir nicht mitmachen, vieles wurde einfach verboten oder geschlossen. Wenn diese Zeit vorüber ist, müssen wir nicht weitermachen wie vorher. Wir können aussteigen und die täglichen Pflichten neu verteilen. Wie es im Moment geht, kann es auch in Zukunft gehen. Die Zeit, in der wir uns jetzt befinden, zeigt uns, wie viel möglich ist, dass wir die Ordnung neu strukturieren können, dass nichts feststeht und wir nicht gezwungen sind, etwas zu tun, wenn wir uns nicht selbst dazu zwingen.
Aber egal wie es im Außen ist: Wenn du dich nicht dafür entscheidest, glücklich zu sein, und wenn du nicht deine eigenen Regeln

aufstellst, um es zu werden, wird es keine Veränderung für dich geben.
Dir ist vielleicht klar, dass du so nicht weiterleben willst, wie du es tust. Und du tust es, um den Schein zu wahren. Du fragst dich: Was wird sein, wenn ich jetzt etwas ganz anderes tue? Vielleicht macht sich ein Kribbeln in dir breit, und du erkennst tief in dir, dass es der richtige Weg ist. Oder du bekommst es mit der puren Angst zu tun. Wie soll das funktionieren? Kann das gehen? Bin ich gut genug? Mach dir klar, dass viele Frauen dieselben oder ähnliche Zweifel haben. Aber in der Gemeinschaft, mit gebündelter Energie, wird es für jedes Problem mehrere wunderbare Lösungen geben.

Zusammen mit gleichgesinnten Frauen kannst du deine Welt neu gestalten, damit sie dir selbst und den anderen wieder dient. Damit alle glücklich sind und es uns wieder gutgeht. Und es ist keinesfalls egoistisch! Du denkst zwar, dass du diese Veränderung nur für dich in dein Leben bringst, aber in Wirklichkeit bringst du sie in das Leben aller. Die Menschen in deinem Umfeld werden zufriedener und glücklicher sein, und diese Menschen werden wiederum ihr eigenes Umfeld positiv beeinflussen. Es ist eine Wellenbewegung.

Glaubst du, dass du dein Leben nicht so ausrichten kannst, dass du glücklich wirst? Wenn du dich mit gleichgesinnten Frauen zusammenfindest, wirst du in diese Energie und Kraft kommen, ihr werdet zusammen in diese Energie kommen und sie durch euren Zusammenschluss verstärken.
Warum gibt es dieses Konkurrenzdenken? Warum reden wir andere Frauen klein? Warum fühlen wir uns dann größer? Warum lästern wir? Weil die andere etwas macht, was wir auch gerne machen würden. Weil wir noch nicht verstehen, nur innerlich fühlen

können, dass die andere etwas macht, was wirklichen Mehrwert für die ganze Welt erzeugt - im Gegensatz zu uns. Weil wir uns dadurch erniedrigt fühlen.
Stattdessen solltest du diesen Frauen deine Mithilfe anbieten, durch sie und mit ihnen stark werden. Genau diese Themen, die uns unverständlich erscheinen, sind Botschaften für uns.
Alle Probleme, die du hast, kommen aus alten Denkweisen und Strukturen. Die Gruppe der Frauen wurde aufgelöst, voneinander getrennt, und jede Frau steht in ihrer Familie quasi allein da.

Was gibt dir Kraft? Was lässt dich einen tieferen Sinn erkennen? Wenn du nicht mehr kannst und nicht mehr willst, lass es raus! Lass deine Gedanken und Gefühle darüber zu! Sprich darüber! Du bist nicht falsch! Du bist nicht schwach! Dir fehlt nichts, außer dem Mut, dein Leben zu verändern. Etwas in dir ist in Unordnung geraten. Trau dich, wieder in dich hineinzufühlen, dich wieder mit deiner inneren Stimme und deiner Intuition zu verbinden. Dafür ist auch der Rückzug wichtig. Der Rückzug aus dem Außen hinein in dein Inneres. Welche Chancen und Möglichkeiten hast du? Was kannst du in dieser Welt bewegen? Was kannst du mit anderen Frauen gemeinsam bewegen? Aber nicht nur das Träumen, Nachdenken und Pläne schmieden ist wichtig. Du musst deine Ziele auch umsetzen. Wenn du in deine Kraft gefunden hast, dein Ziel gefunden hast, dann beginne deinen Weg. Du bist es wert, ohne Zwang, frei und glücklich zu leben. Du bist wichtig, du bist wertvoll, dein Ziel ist wertvoll. Für andere und für die ganze Welt. Zeige dich in deiner Einzigartigkeit.

Folgende Fragen kannst du dir zu diesem Thema stellen: Sprichst du aus, was du fühlst? Oder sagst du etwas, weil es andere von dir erwarten? Schweigst du lieber, um den Frieden zu wahren? Oder sprichst du alle Angelegenheiten offen aus? Wie redest du über andere Frauen? Redest du abwertend? Lästerst du? Hinterfragst du dich selbst, wenn dir am Verhalten einer anderen Frau etwas auffällt, das dich berührt? Unterstützt du Frauen, die in Not sind? Erkennst du Situationen, in denen Frauen „miss(be)handelt“ werden? Mischst du dich ein?

Deine Affirmation: „Ich fühle die gemeinsame Energie mit allen anderen Frauen. Ich helfe ihnen, in dem ich ihnen wohlwollend, liebevoll und interessiert begegne und sie unterstütze, so wie sie auch mich unterstützen werden.“

5. Kapitel

Deiner Liebe Raum geben

Öffne dich für die Liebe zu dir selbst und zu anderen. Die Liebe ist die größte Kraft im Universum. Wenn du zu ihr stehst, dann liebst du dich. Wenn du fühlst, dass das, was du tust, für dich stimmig ist, dann kannst du dich lieben.
Dein Leben, das du bisher gelebt hat, macht dich zu der Person, die du heute bist. Wenn du deine inneren Stärken erkannt hast und eine Verbindung zu dir selbst aufgebaut hast, kannst du fühlen, was du für dich selbst empfindest. Wenn du dich selbst liebst, bist du stark. Wenn du dich selbst hasst, machst du dich klein. Wenn du dich selbst nur „ganz okay" findest, wirst du auf einer Wippe deiner Gefühle sitzen, mal selbstbewusst und mal niedergeschlagen.
Eine schöne Übung ist, wenn du dir einen Zettel und einen Stift nimmst, in die Mitte des Zettels „Ich" schreibst, einen Kreis darumziehst und außerhalb des Kreises nun alles notierst, warum du dich selbst liebst oder eben nicht und was du an dir gut findest. Lasse dir ruhig genug Zeit für diese Übung. Jetzt nimmst du dir zuerst die negativen Punkte vor und fängst mit dem an, der dich am meisten stört. Frage dich: „Warum denke ich das?" und „Wo kommen diese Gedanken her?" Jetzt schreibst du zu jedem negativen Punkt eine positive Affirmation. Wenn du zum Beispiel geschrieben hast, dass du dich nicht liebst, weil du nicht deine Meinung sagst, wenn dir etwas nicht passt, dann schreibst du: „Ich bin jetzt so glücklich und dankbar, dass ich selbstbewusst zu meiner Meinung stehe und diese auch laut ausspreche." Dasselbe machst du für die Punkte, die zwar ganz okay sind, die du aber noch positiver gestalten kannst. Auch hier schreibst du positive Affirmationen auf. Jetzt hältst du erst einmal kurz inne und liest dir alle Punkte durch, für die du dich liebst. Fühle eine große, innere Dankbarkeit dafür! Dann wiederholst du alle positiven Affirmationen, am besten täglich.

Deine Fähigkeit dich selbst zu lieben, spiegelt sich auch darin wider, ob und wie du Komplimente oder Geschenke – also die Liebe, die dir andere geben - annehmen kannst. Genießt du es, einmal im Mittelpunkt zu stehen? Glaubst du, dass du das alles verdient hast? Oder glaubst du, etwas dafür tun zu müssen, es dir erst verdienen zu müssen? Oder denkst du sofort: „Das ist doch nicht nötig!"? Und bist du es dir wert, dass du dir selbst einmal etwas gönnst? Fühlst du: „Das habe ich mir verdient!"?

Vielleicht mag das manchmal für dich widersprüchlich sein. Wenn du dazu erzogen wurdest, immer lieb und nett zu sein, kann es sein, dass du bemerkst, dass du zwar zu anderen lieb und nett bist, aber nicht zu dir selbst. Denn jemanden einen Gefallen zu tun, damit du als nett wahrgenommen wirst, heißt für dich vielleicht, etwas zu tun, was du gar nicht tun willst. Und das ist natürlich keine Selbstliebe, wenn du dich selbst dazu zwingen musst. Sich selbst zu lieben, kann auch mal heißen, zu anderen nicht immer nett zu sein, nicht immer nur zu lächeln und zu nicken.

Gehst du mit dir selbst liebevoll und gütig um? Bist du für dich selbst und deine Bedürfnisse da? Oder bist du nur für andere da? Opferst du dich nur für andere auf? Siehst du dich selbst? Wie siehst du dich selbst? Wirst du von deiner Umwelt gesehen? Oder wirst du nur gesehen, wenn du für andere da bist, für andere etwas tust? Hast du den Blick auf dich von deiner Außenwelt übernommen? Das heißt: Beurteilst du dich so, wie dich deine Außenwelt beurteilt? Bist du nur wertvoll, wenn du etwas für deine Umwelt tust? Misst du dich mit dem Maßstab, der von außen gesetzt wurde? Der Maßstab, der dich aufgrund deiner Tätigkeiten und Ergebnisse misst? Oder beurteilst du dich gar nur nach deinem Äußeren? Beurteilst du dich nur nach deiner Hülle, deinem Aussehen und deinem Körper? Versuchst du, anderen Vorstellungen zu genügen, anstatt deinen eigenen? Und vergleichst du dich mit anderen? Erkennst du, dass die andere etwas hat, was du nicht hast? Die Bewertung aufgrund des Vergleiches erzeugt Mangeldenken. Du denkst, dass du nicht gut genug bist. Wenn du dich danach beurteilst, wie andere dich sehen, erzeugst du dir selbst Schmerzen.

Deshalb ist es an der Zeit, dass du dich selbst siehst und dass du dich nur noch auf dich selbst konzentrierst. Du bist vollkommen, so wie du bist! Wie siehst du dich selbst? Wie nimmst du dich wahr? Beobachte dich selbst, erfahre dich selbst. Du musst niemand etwas beweisen, außer dir selbst. Selbstliebe bedeutet, dass du dich so annimmst, wie du bist. Selbstliebe bedeutet, dich so zu geben, wie du bist. Nach außen zu zeigen, wie großartig du dich selbst findest. Und nicht auf Kommentare und Vergleiche von außen zu achten. Was sich außen abspielt, spielt sich außen ab. Es hat mit dir erst dann etwas zu tun, wenn du dich darauf einlässt. Wenn du bei dir bleibst, in deiner inneren Macht, wenn du dich selbst bejahst, dann bist du auf dem richtigen Weg - auf dem Weg zu dir und der Selbstliebe. Wenn du zu dir selbst stehst, wird dir eine eventuelle Ausgrenzung nichts ausmachen, denn du durchschaust das Spiel. Du erkennst, wer nur an Schönheit oder Körperlichkeit misst. Und du weißt, dass du so viel mehr bist. Denn du bringst dein Inneres nach außen. Du bist nicht nur ein Teil (außen), du bist das Ganze.

Du kannst dir folgende Fragen stellen: Kannst du die Liebe fühlen, die dich umgibt? Lebst du deine Gefühle frei aus? Sprichst du darüber? Ist Selbstliebe für dich an Bedingungen geknüpft (erst wenn ich 5 kg abgenommen habe, kann ich mich wieder richtig lieben)? Lässt du Menschen und Situationen an dich heran? Erlaubst du, dass sie dich berühren? Beschäftigst du dich auf liebevolle Weise mit ihnen? Beschäftigst du dich auf liebevolle Weise mit dir selbst? Wie sieht dein innerer Dialog aus? Ist er von Liebe geprägt oder von Vorwürfen?

Wie siehst du deine Umwelt? Wie reagierst du darauf? Erkenne, dass du die Macht hast, dich selbst zu lieben und zu akzeptieren. Natürlich bedeutet das nicht, dass du dich nicht verändern sollst, wenn du dir selbst eine Veränderung wünschst.

Sage ja zu deiner inneren Schönheit!
Sage ja zu deiner äußeren Schönheit!
Denn dann kommt die Leichtigkeit in dein Leben. Stehst du zu dir, deiner Einstellung und deiner Person, dann liebst du dich selbst. Du hast eine Verbindung zum Leben, zu deiner Seele und zur göttlichen Kraft. Du bist ein wichtiger Teil der Gemeinschaft und des Universums. Jetzt nicht das zu machen, was du liebst und daran zu zweifeln, dass du es tun und erreichen kannst, würde heißen, dass du der Schöpfung misstraust! Es würde heißen, dass du dich gegen den göttlichen Plan wendest. Dies ist natürlich kein böser Wille von dir, sondern mangelnde Liebe zu dir selbst und zu deinen Fähigkeiten.
Dort stehen viele Frauen im Moment. Wir glauben nicht an uns und verleugnen das, was wir am besten können, tun es als gering ab und wenden unsere Aufmerksamkeit lieber anderen, eigentlich unwichtigen Dingen zu. Dinge, die wir wichtigmachen und erhöhen, damit wir uns um das wirklich Wichtige nicht kümmern müssen.

Welche Verbindung hast du zu dir selbst?
Welche Verbindungen hast du zu anderen?
Herrscht hier die Liebe vor? Oder das Misstrauen? Willst du dich selbst und andere verbiegen? Oder sie sich nach ihren eigenen

Wünschen und Vorstellungen weiterentwickeln lassen? Misstrauen entscheidet über Verbundenheit mit deinem Umfeld oder Abgeschiedenheit. Ja, du bist allein in deinem Körper, solange du lebst. Aber trotzdem kannst du dich mit anderen Frauen aufs Tiefste verbinden. Um an Kapitel 4 zu erinnern: Knüpfst du ein Netz mit anderen Frauen, das dich trägt und dich auffängt, wenn es nötig ist?

Bist du zu hart zu dir selbst? Gönnst du dir selbst nicht die Liebe und die Fürsorge, die du deinem Umfeld angedeihen lässt? Fehlt dir der unkomplizierte und liebevolle Umgang mit dir selbst? Oder hast du es leicht mit dir? Kritisierst du dich andauernd? Siehst du das, was in Ordnung ist an dir oder alles, was verbesserungswürdig ist? Welches Verhalten dir gegenüber entspricht deiner inneren Wahrheit? Was kannst du jetzt tun, um deine innere Wahrheit zu deinen Gunsten zu verändern?
Wenn du dir und der göttlichen Energie nicht vertraust, fügst du dir selbst Schmerzen zu. Wenn du deine innere Stimme zwar hörst, aber trotzdem alles anders machst; wenn du die Botschaft nicht hören willst und immer eingreifst in das, was aus dir herausfließen will, wirst du dich abgetrennt vom Ganzen fühlen. Und das ist das Gegenteil von Selbstliebe! Erlaube dir, deinen Eingebungen zu folgen! Erlaube dir, deine Programme der Angst vor deiner eigenen Kraft und Macht loszulassen! Es ist natürlich, dass du diese Kraft besitzt! Es ist natürlich, dass du diese Macht hast. Du bist ein göttliches Wesen! Du bist wunderbar! Dein Sein hier auf der Erde hat einen bestimmten Grund! Nichts geschieht ohne Grund!
Wenn du dich selbst liebst, bringst du das, was dir wichtig ist, in die Welt. Wenn du andere liebst, erkennst du, dass sie es brauchen und dringend darauf warten.

Wie kommt die Sorge in dein Leben? Durch Unklarheit. Durch Verstrickungen und Knoten in deinen Gedanken, Gefühlen und Taten und durch verwickelte Verbindungen zu deinem Umfeld. Hier kann die Energie nicht mehr frei fließen. Es ist kein Weiterkommen mehr möglich, denn du „verflechtest" dich immer mehr. Du handelst immer gleich und wunderst dich, warum du immer dieselben Ergebnisse bekommst und warum es schwer ist, aus dem alten Trott auszubrechen. Du fragst dich, warum du immer die gleichen Menschen kennenlernst, warum ein Job wie der nächste ist, und warum du immer auf dieselben Herausforderungen triffst.

Wie kannst du diese Knoten aufknoten, die Verwirrung entwirren? Wie kannst du die Fäden deines Lebens wieder entwickeln, sie selbst in die Hand nehmen?

Dies alles geschieht durch Selbstliebe und Selbsterkenntnis. Wenn du dich selbst wieder liebst und erfährst, wirst du über allem stehen. Du wirst dein Leben aus einem anderen Blickwinkel sehen und erkennen, wie und wo du etwas auflösen oder entwickeln musst.

Hierbei sei gesagt, dass du bei dem Thema Entwicklung oft an Wachstum oder Aufbau denkst. Jetzt bedeutet es aber erst einmal das Gegenteil. Du musst zuerst entwirren und aufwickeln, um die Verbindungen dann neu knüpfen zu können. Deshalb solltest du auch immer wieder überprüfen, welche Menschen dich und dein Leben positiv beeinflussen und welche nicht. Und hier Verbindungen lösen. Dasselbe gilt für Tätigkeiten, die dich nicht weiterbringen. Verbindungen aller Art, die dich Sorge, Zweifel oder Mangel fühlen lassen, solltest du überdenken. Denn das, was du wirklich willst, ist das genaue Gegenteil. Du willst Liebe, Mut und Fülle in dir spüren und leben. Wenn du die Liebe in deinem Leben regieren lässt, wirst du dich mit anderen verbinden. Verbindung schafft Zuversicht, dort, wo Trennung Schmerz schafft. Die Verbindung zu anderen wird die Liebe zu dir zurückbringen.

Denkst du, dass alle anderen es besser haben? Denkst du, dass du einen Mangel an Liebe, Freude, Freunden oder Geld hast? Dann ist es an der Zeit, dass du mehr Selbstliebe in dein Leben bringst, mehr Wertschätzung dir selbst gegenüber. Denn Selbstliebe ist ein Schatz, der dir zu unermesslichem inneren Reichtum verhilft. Selbstliebe ist eine Quelle, die nie versiegt. Wie kannst du Selbstliebe fühlen? Wie erreichst du Selbstliebe? Was musst du für deine Selbstliebe tun? Du musst dich annehmen! Annehmen in jedem Moment. Egal, was du gerade tust und wo du gerade bist. Du musst dir sagen, dass du wunderbar und richtig bist. Genauso, wie du jetzt bist. Du musst dich selbst akzeptieren, dich nicht selbst beschimpfen oder an dir zweifeln. Wie du im Moment bist, bist du in Ordnung. Aus der Liebe zu dir selbst werden alle anderen Verbindungen geknüpft. Die Liebe zu dir selbst ist deine Grundenergie, die deine Gedanken, Gefühle und Handlungen beeinflusst. Und dir die entsprechenden Ergebnisse liefert.
Das Gegenteil davon ist Selbsthass. Du denkst zerstörerische Gedanken und handelst selbstzerstörerisch. Du zweifelst an dir, sprichst schlecht von dir selbst, machst dich klein vor dir selbst und vor anderen. Du lässt Dinge zu, die dir schaden. Du suchst dir Menschen in deinem Umfeld aus, mit denen du nicht glücklich wirst. Du suchst dir gefährliche und leidbringende Situationen aus. Du verstrickst dich in deiner negativen Energie und in der deines Umfelds. Nun kannst du die Unterschiede fühlen und auch die Ruhe und den Frieden, die dir die Selbstliebe bringen wird.
Was willst du leben? Was willst du in diese Welt bringen? Was erkennst du in dir? Warum bist du hier? Was ist außergewöhnlich

an dir? Worüber bist du ganz besonders stolz? Was kannst du besonders gut? Lasse es sich ganz leise entwickeln, das Gefühl der Selbstliebe. Erhöre es, erkenne es und lasse es wachsen.
Wenn du so keinen Zugang bekommst, kannst du deine Gedanken einfach umdrehen. Nimm dir ein Blatt Papier und schreibe alles auf, was du an dir unvollkommen und hassenswert findest. Dann nimm dir ein zweites Blatt und verändere all diese Sätze, die du eben notiert hast, ins Positive. Ergänze nun alle deine guten Eigenschaften. Verbrenne oder vernichte nun das Blatt mit deinen angeblich negativen Eigenschaften. Was du nun in den Händen hältst, ist die Beschreibung der Frau, die du in kurzer Zeit bist, wenn du deine Selbstliebe wieder fühlst.
Vertraue diesem Gefühl der Selbstliebe und vertraue dir. Verliebe dich in dich selbst, fühle diese starke, brennende, allgegenwärtige Selbstliebe. Lass dich vollkommen von ihr durchströmen. Du bist gut genug! In deiner Selbstliebe darf alles da sein! Wenn alles da sein darf, beginnst du zu heilen, denn du erkennst dich bereits als heil.
Merkst du, dass der Ofen angegangen ist, dass deine Liebe brennt und glüht? Dann kannst du beginnen, sie weiterzugeben. Du kannst beginnen, anderen dieses Gefühl zu geben. Du gehst neue Verbindungen ein, knüpfst neue Netze.

Lege alle Bilder, Erwartungen und Vorstellungen ab, die dich daran hindern, du selbst zu sein. Komme dir selbst und deinem Wesen nah. Du bist ein Geschenk, du bist liebenswert. Dein Leben, dein Dasein ist ein Geschenk. Öffne den Blick für all das Schöne in deinem Leben. Für das Schöne, was jetzt schon ist und das Schöne, das sein wird.
Du weißt, dass alles, wonach du im Außen suchst, bereits in dir ist. Wenn du die Liebe für dich selbst in deinem Inneren findest, bist du angekommen. Dann kannst du diese Liebe und alles, was

du dir wünschst, nach außen geben. Du bist vollkommen in Ordnung. Was du gibst, ist immer ausreichend. Du gibst dein Bestes, nämlich dich selbst.
Wenn eine andere Person sich in deinen Augen danebenbenimmt, dann ist es ihre Art, um Liebe zu betteln. Wenn du in deiner Selbstliebe bist, kannst du das erkennen und handeln.
Wenn eine andere Person durch Erwartungen, die sie an sich selbst stellt oder Klischees, von denen sie meint, dass sie sie unbedingt bedienen muss, nicht in die Selbstliebe kommt, kannst du das erkennen und handeln.
Wenn du durch die Augen der Liebe schaust, ist vieles sehenswert und liebenswert.
Wenn du durch die Augen der Liebe schaust, wirst du viele Hinweise auf eine liebevolle Welt erkennen.
Wenn du durch die Augen der Liebe schaust, wirst du viele Botschaften finden, die an dich gerichtet sind und dich auf deinem Weg weiterbringen.

Du hast immer die Wahl! Gehst du so weiter wie bisher oder verlässt du die alten Pfade und entscheidest dich für den Weg der Liebe und der Freude? An dessen Anfang steht immer die Selbstliebe.

Deine Affirmation: „Ich liebe mich selbst - genauso, wie ich bin. Ich bin vollkommen und gütig zu mir selbst, nehme mich an und zeige meine Gefühle für mich selbst und für andere ohne Scheu."

6. Kapitel

Herausbringen, was wirklich zählt

Nach was suchst du? Was ist dein innerer Antrieb? Wirst du morgens wach und springst aus dem Bett, weil du denkst, dass es so viele wunderbare Dinge für dich zu erledigen gibt? Oder drehst du dich noch einmal um, weil du weißt, dass dich nur wieder der alte Trott empfängt? Hast du Aufgaben zu erledigen, die du nicht magst, weil sie dir von anderen übergestülpt wurden? Nach was suchst du? Suchst du nach Freiheit, nach Bequemlichkeit, nach Selbstbestimmung? Die Freiheit, das zu tun, was du wirklich tun willst? Die Bequemlichkeit, mit allem Nötigen ausgestattet zu sein, ohne dir Sorgen machen zu müssen? Und die Selbstbestimmung, das alles zu dem von dir gewählten Zeitpunkt am von dir gewählten Ort zu machen? Denke über die drei letzten Sätze intensiv nach. Wie wäre das für dich? Was würde sich alles ändern? Würde dir diese Veränderung gefallen? Oder saust sofort die innere Keule auf dich nieder, dass du ja das Geld brauchst und deine Familie sowieso nicht mitgehen würde und dass deine Leidenschaft sowieso kein Geld einbringen wird. Ja, so geht es vielen Frauen. Es scheint aussichtslos zu sein. Doch wenn du niemals anfängst, ernsthaft darüber nachzudenken oder dir eine längst fällige Auszeit zu gönnen, wird sich nichts verändern.
Dein wichtigstes Werkzeug ist, dass du selbst an dich glaubst. Dass du dein Inneres und dein Äußeres verbindest. Drei wichtige Fragen, die du dir stellen solltest, sind: Willst du etwas verändern? Willst du es wirklich (tun)? Kannst du es tun? Bei der Antwort auf diese Fragen spielt der Glaube an dich, deine Überzeugung, eine wichtige Rolle. Und auch dein Vertrauen in dich und deine Fähigkeiten ist wichtig. Dieses Vertrauen hat etwas mit innerer Weisheit zu tun, die jede von uns besitzt. Die innere Weisheit ist deine Beraterin. Sie ist die Stimme, die dir immer die besten Ratschläge erteilt, und die dir nicht böse ist, wenn du diese Ratschläge nicht annimmst oder umsetzt. Sie wird dich immer

weiter beraten und niemals aufhören damit. Deshalb ist sie allgegenwärtig, auch wenn du denkst, in dir wäre nur Stille. Bist du also bereit, auf diese Stimme zu hören? Bist du bereit, deiner inneren Stimme zu folgen? Sei ehrlich zu dir selbst.

Es kann sein, dass in einer Umwelt ein oder mehrere Menschen einen großen Einfluss in deinem Leben haben und du deshalb eher auf sie hörst, anstatt auf dich. Oder ist dort vielleicht jemand, der dich kontrolliert? Der, wenn du aus dir selbst heraus handelst, dich wieder auf den „richtigen" Pfad zurückbringen will?

Oder befolgst du den Rat deiner inneren Stimme nicht, weil dein Sicherheitsdenken zu groß ist? Weil du denkst, dass du ohne dieses oder jenes nicht sein kannst?

Frage dich, was wirklich eine Rolle spielt in deinem Leben. Durch alle Fragen, die du dir selbst stellst und auch beantwortest, findest du auf deinen wahren Weg zurück. Du erkennst dich selbst. Was zählt in deinem Leben? Was ist wirklich dein Leben? Wie sollte es wirklich sein?

Sammele deine Kraft und deine Macht und deine Weisheit. Jeder Mensch hat etwas Einzigartiges in sich, dass in die Welt geboren werden will. Etwas, dass deinen Mitmenschen Hilfe sein kann. Aber du musst es erkennen, daran und damit arbeiten und es in die Welt bringen.

Wohin du deine Aufmerksamkeit auch lenkst, erhöht sich die Energie. Das bedeutet: Je mehr du deine Kräfte auf das lenkst, von dem du denkst, dass es nicht funktioniert, desto weniger wird es funktionieren. Welche Tätigkeiten stärken und fördern dich? Welche Menschen stärken und fördern dich? Wem schenkst du Vertrauen? Mit welchen Personen kannst du „im Vertrauen" sprechen? Diese Menschen musst du dir suchen.

Mit allen anderen diskutiere nicht, denn das, was du erschaffen willst und wie du es erschaffen willst, ist dein individueller Prozess. Du musst dich einlassen, auf dich selbst und auf das, was du erschaffen möchtest. Vielleicht kennst du einige Frauen, die den Weg mit dir gemeinsam gehen, denn diese Gemeinsamkeit erhöht dein Energielevel. Wenn du sie noch nicht kennst, suche sie dir! Heute sind die Möglichkeiten gegeben, überall auf der Welt Mitstreiter zu finden.

Wenn du herausbringen willst, was wirklich für dich zählt, dann brauchst du eine große Portion Vertrauen in dich selbst. Hörst du auf deine innere Stimme? Wie sprichst du mit dir selbst? Bist du dir gegenüber positiv eingestellt oder nicht? Putzt du deine wunderbaren Fähigkeiten herunter oder lobst und lebst du sie? Gehst du deinen Weg unbeirrt und ohne Einmischung von außen? Erwartest du zu viel oder zu wenig von dir selbst? Oder hast du ein gesundes Maß für die Tätigkeiten, die du jetzt ausführen kannst? Lebst du deine Werte und Träume? Sind das wirklich deine Werte und Träume? Oder hast du sie von einer anderen Person übernommen? Denn dann lebst du die Träume eines anderen Menschen. Manchmal ist deine Stimme, dein Begehren sehr leise. Und andere, die viel Lärm machen, können sie übertönen. Was glaubst du? Was willst du? Bist du der Mittelpunkt deines Lebens? Oder ist es jemand anderes? Wenn du selbst das Zentrum deines Lebens bist, dann macht dich das stark! Du stehst wie ein Fels in der Brandung und bist nicht der Zweig im Wind, der in jede beliebige Richtung geblasen wird und sich unentwegt verbiegen muss. Dieser Punkt hat viel mit Weisheit zu tun. Nicht mit allem Wissen, das von außen kommt, sondern mit dem Wissen, das du in dir trägst. Das Wissen über dich selbst. Das Wissen, wer du bist und was du willst. Das ist der innere Part, den du erkennen musst, um dich neu zu gebären. Um das in die Welt zu bringen, was für dich zählt. Und hier geht es auch um deinen Schmerz. Und um deine Angst. Hältst du an alten Schmerzen fest? Lässt du immer wieder

zu, dass sie dich lähmen und dass sie dein Weiterkommen sabotieren? Oder öffnest du dich für die Freude? Die Freude an deinem Leben und an deiner eigenen Weiterentwicklung?
Wo es einen inneren Part gibt, gibt es auch einen äußeren Part. Und es gibt eine Überschneidung. Sie lautet: „Schaffst du die Rahmenbedingungen für deine Entfaltung?" Dies ist eine Aufgabe, welche du innen und außen vollbringen darfst. Innen muss der Glaube an dich selbst wachsen; das Wissen und das Vertrauen, dass du es schaffen kannst. Außen musst du Zeit und Platz schaffen, damit du die Handlungen ausführen kannst, die zu deinem Ziel führen.
Der äußere Part bedeutet, dass du Hilfe und Unterstützung annehmen kannst. Aber nur so weit, wie es sich für dich gut anfühlt. Gibt es Frauen in deinem Leben, die dich unterstützen in dem, was du herausbringen willst? Frauen, die dich fördern, dir den Weg ebnen und Mut zusprechen? Die dich aber auch einmal kritisieren dürfen, ohne, dass du dich gleich verschließt? Wohlwollende Kritik lässt dich wachsen. Wohlmeinende Kritik bringt dich auf deinen Kurs zurück, wenn du einmal abweichen solltest.

Herausbringen, was für dich wirklich zählt, heißt, deinen eigenen Weg gehen. Dein Wissen um dich und deinen Weg muss von innen kommen. Es ist nicht etwas, das du durchdacht und aufgeschrieben hast, sondern etwas, das du fühlst. Nehmen wir zum Beispiel den Beruf, den du ergriffen hast. Wie bist du zu dieser Idee gekommen? Hast du dir verschiedene Berufsbilder angeschaut oder Tests gemacht, wo deine Stärken angeblich liegen sollen? Hast du dich an Freunden oder Verwandten orientiert oder gar daran, mit welchem Beruf das meiste Geld zu verdienen ist? Oder hast du dich genau beobachtet, deine Leidenschaft erkundet, welche Tätigkeiten du schon immer gern gemacht hast, die

aus deinem Herzen kamen und die ganz natürlich aus dir herausgeflossen sind? Dinge, die dich faszinieren, die dich die Zeit vergessen lassen?
Oder nehmen wir den Partner, den du gewählt hast. Hast du dich, schon lange bevor er da war, nach ihm gesehnt? Hast du ihn dir vorgestellt und seine Eigenschaften beschrieben? Oder hast du einen genommen, der nicht ganz so viele Probleme gemacht hat wie die letzten? Hast du ihn genommen, weil deine Freundinnen auch alle schon Freunde hatten und du nicht das dritte Rad am Wagen sein wolltest? Dieses Wissen ist Wissen, das tief aus deiner Seele kommt. Natürlich kannst du blind sein, es ignorieren und das annehmen, was in diesem Moment für dich bequemer ist.
Diese Botschaften, die du bekommst, wenn du genau hinhörst, weisen dir den Weg. Alles, was du bemerkst, was dir wichtig erscheint, ist eine Botschaft für dich, die dich auf den richtigen Weg bringen will. Deshalb achte darauf, was in dein Leben kommt, auf was du reagierst. Ob die Reaktion positiv oder negativ ist, spielt dabei keine Rolle. Vielleicht ist nur ein Teil dieser Botschaft für dich wichtig. Aber immer wird es etwas sein, was dir dabei hilft, herauszubringen, was du wirklich willst. Deshalb frage dich, was diese Botschaft mit dir zu tun hat, wenn sie dich erreicht und berührt. Gehe tief in dich, drehe die Botschaft hin und her und fühle nach, was sie mit dir zu tun hat und welche Informationen oder Schlüsse du aus dieser Botschaft ziehen kannst. Fühle, was da war, was da ist und was neu kommen möchte. Vielleicht erkennst du ein Muster, das du auflösen oder verändern willst. Oder du erkennst, dass du an einer Wegbiegung stehst und dich neu orientieren darfst. Wenn das der Fall ist, klage nicht darüber, denn eine Veränderung will in dein Leben treten.
Erkenne, dass es nicht nur einen Weg gibt. Du musst das, was du erreichen willst, nicht genauso angehen wie andere vor dir. Du musst deinen eigenen Weg gehen. Und diesen Weg zeigt dir dein

innerer Kompass. Auf diesem Weg darfst du dich nicht beeinflussen lassen. Du kannst dir zwar Rat holen, aber wenn du merkst, dass du den Weg anders gehen würdest, dann gehe ihn anders. Es ist dein Weg, und es ist deine Entscheidung.

Stelle deine eigene Kraft und Macht in den Mittelpunkt. Setze dir ein Ziel! Sammle dich, verbinde dich mit deiner Seelenenergie, um vorwärts zu gehen. Überlege dir, was du tun würdest, wenn du alle Freiheiten hättest. Wenn nichts für dich unmöglich wäre! Was willst du in die Welt bringen? Was ist dir wichtig? Was willst du neu gebären? Welche deiner inneren Eigenschaften fördern dich? Welche deiner Gedanken fördern dich? Arbeite immer und immer wieder an diesen Fragen. Finde Antworten. Gehe tiefer und finde noch mehr Antworten, die direkt aus deinem Herzen kommen! Wenn du herausbringen willst, was dir wichtig ist, dann ist das ein Prozess, der nicht von heute auf morgen stattfinden wird. Deine alte Denkweise löst sich auf und du beginnst, neu und anders zu denken. Habe Vertrauen in dich selbst, Vertrauen in die göttliche Kraft. Vertrauen, dass es „etwas" da draußen gibt, das es besser weiß als du und dich wohlwollend führt.
Wo sind die Antworten auf deine Fragen? Sie sind bereits in dir! Sie kommen durch die göttliche Kraft zu dir. Du bekommst zwar die passenden Botschaften von außen, die dir als Wegweiser dienen, aber die Antworten sind stets in dir. Wenn dich etwas triggert, ist es eine Botschaft für dich. Wenn dich etwas besonders ärgert oder dir seltsam vorkommt, schau genau hin! Was macht das mit dir?
Was du erschaffen willst, was du in die Welt bringen willst, ist ein Teil von dir. Deshalb ist es wichtig, die Antworten und Anleitungen dazu in deinem Inneren zu suchen. Damit deine Kreation ganz aus dir selbst kommt.

Überlasse dich deiner inneren Führung! Du bist die kreative Kraft, denn du bist mit der unerschöpflichen Quelle der Kreativität der göttlichen Kraft verbunden!
Gib das Mangeldenken auf! Es herrscht kein Mangel in dieser Welt. Und den Mangel, von dem du glaubst, dass er in deiner inneren Welt herrscht, erschaffst du nur durch deine eigenen Mangelgedanken.
Wenn du dir selbst vertraust, wird sich alles zeigen, was du brauchst. Wenn du dich auf deine innere Führung verlässt, wird alles zum richtigen Zeitpunkt zu dir kommen.
Diese Erkenntnis ist der erste Schritt. Entwickle Vertrauen in deine innere Macht und in deine innere Kraft. Dann kommt das Tun. Ohne das Tun werden alle deine Erkenntnisse, Gedanken und Gefühle nur ein Traum bleiben. Sie sind lediglich in dir und werden nicht nach außen gebracht! Du kommst in den Prozess des Tuns. Durch das Vertrauen in dich, in deine innere Kraft und Führung, werden sich deine Handlungen verändern. Und damit bist du einen großen Schritt weiter auf dem Weg zu dir selbst!

Wenn du in dich hineinschaust und bei dir und deinen Erkenntnissen bist und diese Erkenntnisse in Handlungen verwandelst, wirst du dich selbst und dein Leben aus einer anderen Perspektive sehen. Denn diese Kraft, die du dadurch bekommst, und das Selbstwertgefühl, werden dich zu einem neuen Menschen werden lassen. Wenn du deiner inneren Führung vertraust und das voranbringst, was du erschaffen willst, dann kümmerst du dich nicht mehr um äußere Einflüsse. Du erlangst eine tiefe Sicherheit. Eine Sicherheit, dass du an diesem Ort genau richtig bist und dass deine Handlungsweise genau richtig ist. Dieses Gefühl wird eine Selbstverständlichkeit, denn es ist deine Seelenkraft, deine Natur, die dich handeln lässt. Du lebst in Harmonie. Wenn die Harmonie in dir hergestellt ist, wird sie sich auch im Außen einstellen. Wenn

du das Vertrauen in dich und deinen Prozess gefunden hast, wirst du stark und frei leben. Merkst du, wie es bei diesen Worten in dir prickelt? Du weißt, dass dies ein erstrebenswertes Ziel ist.
Im Außen wirst du Zeichen, Symbole und Hinweise finden. Diese Zeichen werden dich führen und lenken, wenn du sie erkennst und dich von ihnen führen lässt. Der Weg zu dem, was du erschaffen willst, ist wichtig. Und er wird sich dir Schritt für Schritt erschließen, wenn du vertraust, dass alles schon da ist und sich dir zeigt, wenn es soweit ist.
Doch das Ziel selbst ist ebenso wichtig. Du solltest es klar formulieren und immer vor Augen haben. Wenn du kein Ziel hast oder sich dein Ziel immer wieder ändert, je nachdem welcher Einfluss gerade auf dich wirkt und welche Mode gerade in ist, wirst du zickzack gehen. Du wirst mal dahin und mal dorthin gehen, aber niemals richtig sicher sein und niemals irgendwo ankommen.
Die Liebe ist bereits in dir. Lebe sie aus! Liebe dich selbst!
Das Vertrauen ist bereits in dir! Lebe es aus! Vertraue dir selbst!
Das Wissen ist bereits in dir! Lebe es aus! Wisse, dass du wissend bist!
Vertraue darauf, dass alles gut wird. Auch wenn es dir wie eine Krise erscheint. Denn sie ist oftmals eine Kreuzung, an der du neu entscheiden darfst. Und schmerzlich wird sie erst, wenn du nicht weitergehen willst oder einen Weg wählst, der dir nicht entspricht. Die weibliche Energie ist zyklisch. Vielleicht treten Zweifel auf. Gib dich ihnen hin, arbeite mit ihnen, schreibe deine Erkenntnisse dazu auf. Diese Zweifel werden nach einigen Tagen wieder vergehen und du wirst mit neuer Kraft weitergehen.
Bleibe bei dir, heißt auch, bleibe in deiner Welt. Wenn deine kleine Welt in Ordnung ist, übernimm nicht die Sorgen der äußeren Welt. Höre genau darauf, was dir dient. Schenke Gesprächen, die dir nicht dienen, keine weitere Energie, indem du dich mit dem Sprecher zusammen aufregst.

Befasse dich mit deinen Ängsten. Warum hast du Angst? Wenn alles schon für dich da ist, damit du das, was dir wichtig ist, nach außen bringen kannst, vor was fürchtest du dich? Was kannst du tun, um diese Ängste zu verkleinern oder zu überwinden? Wie kann dir die Gemeinschaft der Frauen dabei helfen? Was kannst du tun, um mehr Vertrauen zu dir selbst und deinem Handeln aufzubauen? Wie nimmst du dein eigenes Energiefeld wahr? Was fehlt, um das zu erschaffen, was du gerne aus dir herausbringen möchtest? Wie kannst du das erhalten, von dem du denkst, dass es noch fehlt? Wie kannst du den Gedanken verinnerlichen, dass alles, von dem du denkst, dass es jetzt noch fehlt, dir zum richtigen Zeitpunkt zur Verfügung stehen wird?

Deine Affirmation: „Ich entfalte meine innere Kraft und lebe meine innere Wahrheit! Ich vertraue auf meine innere Führung, ich handle danach und bringe in die Welt, was mir wichtig ist."

7. Kapitel

Dein Leben intensiv leben

Dein Leben intensiv zu leben, bedeutet, dass du dir Freiheiten nimmst. Freiheiten, die dir andere vielleicht nicht eingestehen wollen. Und schon sind wir mittendrin in den Verstrickungen. Was lässt du für dich zu? Was erlaubst du dir? Wie viel Einmischung in das, was dir erlaubt wird, lässt du zu? Dieser Satz klingt seltsam. Aber die meisten Frauen laufen nur mit. Sie erlauben sich selbst nicht, was sie gerne tun würden, weil das Umfeld es ihnen nicht erlaubt. Weil das Umfeld es ihnen nachtragen würde ...

Ja, so wurden wir erzogen: allen alles recht zu machen, nicht aufzufallen, sich selbst an die letzte Stelle zu setzen.

Langsam löst sich dieses Verhalten auf und viele Frauen leben ihr neues Selbstbewusstsein. Trotzdem ist diese Sichtweise vielen Frauen noch präsent oder hallt in ihrem Verhalten nach. Wir sind eingebunden in allerlei Verpflichtungen und das Netz, mit dem wir verbunden sind und dass uns Sicherheit geben sollte, ist in Wirklichkeit unsere Fessel.

Denke darüber nach, wie deine Grundstimmung ist. Lebst du das Leben, das du wirklich leben willst? Bist du kraftvoll und frei und machst das, was sich für dich stimmig anfühlt? Oder lebst du dein Leben und bist voller Sehnsucht nach Veränderung und manchmal sogar traurig und niedergeschlagen? Oder redest du dir ein, dass dein Leben schön ist, dass du ja alles hast, was du brauchst und mehr nicht erwarten kannst? Welche Programme laufen in dir ab, die dich dein wahres und tiefes Leben vermeiden lassen? Schwingt in deinem Leben ein Unterton mit, den du gerne überhörst, weil er „unangenehm" ist? Ist dieser Ton eine Idee von dem, was sein könnte? Was sein könnte, wenn du dein Leben nach deinem eigenen, tiefsten Wunsch leben würdest? Wenn du dein Leben intensiv leben würdest?

Wenn wir Frauen darüber nachdenken, was wir wirklich in unserem Leben haben und erreichen wollen, bremsen wir uns oft selbst aus. Wir bremsen uns oft schon selbst aus, wenn wir nur an die Vorstellung, an das Ziel denken. An diesem Punkt sind wir mit der Vorstellung, wie es sein könnte, noch nicht einmal fertig. Da sind wir noch nicht einmal bei der Tat angekommen … Weil wir einfach zu bescheiden sind! Weil wir uns so vieles nicht zutrauen! Genau genommen trauen wir uns nicht. Wir trauen uns nicht, etwas anzunehmen und in unser Leben zu bringen, was eigentlich unser Geburtsrecht ist. Jede von uns hat eine besondere Fähigkeit bekommen, um diese einzusetzen und in die Welt zu bringen.

Wenn du dein Leben intensiv leben möchtest und eine Idee, die in dir lebt, jetzt verwirklichen möchtest, darfst du dich nicht verzetteln.
Wenn du merkst, dass du zu wenig Zeit hast, weil andere dich immer für sich einspannen, musst du lernen, nein zu sagen. Du selbst bist die wichtigste Person in deinem Leben! Einige Pflichten werden vorerst bleiben, auch wenn du viele davon loslassen kannst. Will dich jemand zu etwas verpflichten, fühle in dich hinein, ob diese Handlung deinem eigenen Ziel dient oder nicht.
Wenn du merkst, dass du zu wenig Zeit hast, weil du zu viel in sozialen Netzwerken unterwegs bist, reduziere diese Zeit. Wenn du oft bei anderen mitliest und postest, dann erfüllst und lebst du ihre Träume und nicht deine eigenen. Das Miteinander ist wichtig, aber deine Ziele sind wichtiger!
Ziehe doch einmal Handlungsweisen in Betracht, die dir unlogisch erscheinen. Manchmal reicht ein Wechsel deines Blickwinkels, um etwas Gewohntes völlig anders zu machen. Wo kannst du es intensiv fühlen, dein eigenes Leben? Wann war dein Tag richtig erfolgreich für dich? Was hast du getan?

Was fehlt, damit du dein Leben intensiv leben kannst? Zeit? Geld? Freude? Wenn du einmal über dein Leben nachdenkst: Was wirst du bereuen, was du nicht getan hast? Wirst du denken, dass du dein Leben viel intensiver hättest leben können, viel freudvoller, viel freier? Dass du mehr Risiko hättest eingehen sollen? Mehr in der Tiefe und aus dem Moment heraus leben? Die gute Nachricht ist, dass es jetzt noch nicht zu spät ist! Du kannst es tun! Hier und heute! Dein Leben kann ein Abenteuer sein! Hier und heute! Denn du hast die Wahl! Du hast die Wahl, ob du dich glücklich fühlst oder nicht! Du hast die Wahl, aus den alten Programmen auszusteigen oder nicht! Du hast die Wahl, Menschen loszulassen, die dich immer wieder an deine Unzulänglichkeit erinnern. Du hast die Wahl, dir eine andere Arbeitsstelle zu suchen, wenn man dich auf deiner jetzigen nicht so behandelt, wie du es dir vorstellst.

Ein wichtiger Punkt, der dir ein intensives Leben sabotiert, ist „warten". Auf was wartest du? Darauf, dass du mehr Geld hast, dass die Kinder aus dem Haus sind, dass der Mann in Rente ist, dass der Mann gestorben ist, dass du einen neuen Partner hast, dass du eine Beförderung angeboten bekommst, dass der Märchenprinz kommt und dir alle Wünsche erfüllt? Du merkst schon selbst, dass das alles Ausreden sind. Die Zeit vergeht, und du tust nichts. Dieser Punkt ist unangenehm zu erkennen, aber du musst ihn erkennen, damit du eine Veränderung zulassen kannst. Du musst erkennen, dass alles an dir liegt. Es liegt an dir, was du tust! Es liegt an dir, was du nicht tust!

Wie kommst du jetzt zur Erkenntnis? Der wichtigste Indikator dafür sind deine Gefühle - und eine große Portion Selbstehrlichkeit. Wenn du deine Gefühle zulässt, sie fühlst und nicht verdrängst, kannst du erkennen, was du verändern musst. Das ist nicht immer einfach im laufenden Prozess, im Hamsterrad zwischen all deinen Pflichten. Aber dein Gefühl ist immer da! Meistens schiebst du es zur Seite, was ein großer Fehler ist, aber auch ein

Teil der Erziehung. Denn das Gefühl hat oft etwas mit der Intuition, mit deiner inneren Stimme zu tun. Und genau diese innere Stimme, die ein Teil jeder Frau ist, wird uns aberzogen! Nur die Fakten scheinen in dieser Welt wichtig zu sein. Aber das Gefühl, dass jetzt, genau hier, etwas nicht stimmt, ist da. Vielleicht äußert es sich als Unverständnis, Wut, Sprachlosigkeit, Traurigkeit. Irgendwie wirst du es zu fassen kriegen! Und dann lass das Gefühl zu! Und dann schaust du, wie du es lieber hättest. Das Gefühl und die entsprechende Situation.
Der erste Schritt kann sein, dass du bemerkst, was du nicht willst und wie du es nicht willst. Das ist der Anfang. In nächsten Schritt solltest du erkennen, was du stattdessen willst. Was rät dir dein Gefühl? Was sagt deine innere Stimme? Mit welchem Gefühl wärest du glücklich? Welche Situation würde zu diesem Gefühl passen? Was kannst du tun, um die Situation an dich und dein Gefühl anzupassen? Gehe mutig voran, andere werden dir folgen.

Das Thema Selbstvertrauen spielt hier eine große Rolle. Was traust du dir selbst zu? Vertraust du dir selbst? Traust du dir ein intensives Leben zu? Was bedeutet ein intensives Leben für dich? Wie denkst du über dich und dein Leben? Wie redest du? Sagst du offen, was du fühlst oder zensierst du vorher genau, bevor du etwas sagst?

Deine Affirmation: „Ich lebe mein Leben intensiv, denn ich habe nur das Jetzt. Ich gehe meinen eigenen Weg voller Selbstbewusstsein und Vertrauen."

8. Kapitel

Deine Souveränität zeigen

Was bedeutet Souveränität für dich? Was bedeutet Erhabenheit für dich? Wie fühlst du dich, wenn du dich souverän fühlst? Wenn du dich erhaben fühlst? Souverän bedeutet, dass du aus deiner höchsten Macht heraus handelst. Souveränität bedeutet Freiheit und Unabhängigkeit. Erhabenheit ist ein Zustand von Größe und Würde. Wow! Freiheit, Unabhängigkeit, Größe und Würde sind mächtige Schlagworte. Fühlst du dich groß und würdig? Würdest du sagen, dass du frei und unabhängig bist? Der Schuh scheint sich für die meisten ziemlich groß anzufühlen. Aber wie groß der Schuh auch sein mag, du kannst deinen Fuß gemütlich darin einbetten und bequem laufen. Es ist alles eine Frage der Entscheidung. Wenn du dich entschieden hast, was du wirklich willst, gibt es auch Wege, die dich zu deinem Ziel führen. In der Literatur gibt es viele unfassbare Beispiele für Menschen, die sich getraut und unbeirrt ihren Weg gegangen sind. Bist du so anders? Unterscheidest du dich so sehr von anderen, als dass das für dich nicht auch möglich wäre? Nein, das tust du nicht!

Erhabenheit lässt vermuten, dass du dich von komplexen äußeren Dingen gelöst hast und nach innen schaust. Darüber hast du schon eine Menge erfahren. Der Schatz liegt in dir, du musst ihn nur an die Oberfläche holen.

Ein ganz wichtiger Punkt ist deine Einstellung! Deine eigene Einstellung dir selbst gegenüber und zu deinem Leben. Schaue nach, schaue tief in dir nach! Am besten schreibst du dir auf, wie deine Einstellung dir selbst gegenüber ist. Denn deine Einstellung bestimmt nicht nur, wie du lebst, sondern auch, was dir in deinem Leben passiert. Ist das für dich ein bisschen zu weit hergeholt? Was passiert zum Beispiel, wenn du etwas nicht gerne machst? Oder wenn du denkst, dass du etwas nicht gut kannst? Wenn wir vorher wissen, dass uns diese Tätigkeit keinen Spaß machen wird, dann verurteilen wir diese Tätigkeit doch schon vorher zum Scheitern oder zur Mittelmäßigkeit. Wir empfinden sie als Pflicht;

wir tun sie nicht gerne und nicht aus vollem Herzen. Die Tätigkeit ist bereits mit unerfreulichen Gedanken abgestempelt und so wird auch meistens das Ergebnis sein. Wenn du über diese Tätigkeit nochmal nachdenkst und überlegst und sie neutral betrachtest, ohne deine negativen Gedanken zu beachten, stellst du vielleicht fest, dass du in alten Mustern denkst und diese Tätigkeit zukünftig mit Freude ausführen kannst. Das war ein kleiner Exkurs. Wichtig ist, dass du verstehst, dass deine Einstellung deine Ergebnisse verändern kann. Wenn du dich und dein Leben positiv betrachtest und annimmst, strahlst du eine ganz andere Energie aus. Wenn du aus einer positiven Einstellung heraus handelst, wirst du merken, dass die Welt dein Freund ist. Du traust dir mehr zu und erzielst andere Ergebnisse. Und du erkennst, dass so viel mehr für dich möglich ist.

Wenn deine Welt ohne Bewertung, Manipulation und Bevormundung wäre, wenn alle Entscheidungen zum Besten und höchsten Wohl aller wären, dann hättest du Souveränität erlangt. Souveränität hat natürlich mit dir zu tun, aber auch viel mit anderen. Du bist nicht überheblich oder abgehoben, sondern du interessierst dich für dein Umfeld. Du interessierst dich für das Wohlergehen deiner Mitmenschen und verhilfst ihnen zu einem besseren Leben, zu einem höheren Sein, zur Bewältigung ihrer Alltagssituationen. Das wir nur wachsen, wenn wir alle zusammenwachsen, davon haben wir vorher schon gesprochen. Und gleiches gilt auch hier!

Leider ist es oft so, dass wir den anderen mehr zutrauen als uns selbst. Aber Souveränität bedeutet auch, genau zuzuhören und andere um Rat zu fragen, wenn du etwas nicht genau weißt. Es bedeutet, dass du mit anderen zusammenarbeitest und andere wichtig nimmst. Aber nun wieder zurück zu dir!

Souveränität zu zeigen heißt auch, dass du deinen Platz einnimmst, dass du in der Lage bist, Verantwortung zu übernehmen.

Und hier sind wir wieder bei der Selbstermächtigung und bei der Erlaubnis. Kein anderer Mensch kann dir die Erlaubnis erteilen, in deine eigene Macht zu kommen. Niemand kann sich um deine Selbstermächtigung kümmern. Ein erster Schritt dorthin ist das Erkennen deiner natürlichen Kraft und Macht. Was macht das Wort „Macht“ mit dir? Kommt sofort, wenn du an deine eigene Macht denkst, auch deine eigene Angst? Und wenn ja, denke darüber nach, wovor du Angst hast. Viele Frauen haben Angst, den ihnen bekannten Weg zu verlassen. Manche bleiben auf diesem Weg, obwohl er ihnen Leid und Bevormundung bringt. Wie ist das mit dir? Bitte sei ganz ehrlich! Denn als souveräne und erhabene Frau bist du ehrlich zu dir selbst. Nur durch deine Ehrlichkeit kannst du erkennen, was dir fehlt. Nur durch Ehrlichkeit kannst du erkennen, was du verändern musst.

Frage dich selbst, ob du bereit bist, die Verantwortung zu übernehmen. Bist du soweit, dich für dein Leben auszusprechen? Willst du Schritt für Schritt alles verändern, was dich aufhält auf dem Weg zu dir selbst? Bist du bereit, vollkommen präsent zu werden, genau zu beobachten und, aus dieser Präsenz heraus, zu wirken? Erschaffe in deinem Leben und deinem Umfeld neue Strukturen. Strukturen, die dir dienen. Rituale, die dich und dein Umfeld stärken. Gib dir selbst die Erlaubnis und spreche dich für dein Leben aus! Auch diesen Schritt kann dir keiner abnehmen. Niemand kann dir die Erlaubnis geben - du musst es selbst tun.

Wichtige Einsichten in dein Leben bekommst du, wenn du ein Buch führst, mittlerweile Journal genannt, weil der Begriff Tagebuch hoffnungslos veraltet ist. Im Prinzip ist es jedoch nichts weiter als ein Buch, das du täglich führst. Es ist aber nicht nur das Auflisten all dessen, was du täglich tust. Es ist noch so viel mehr. Du stellst darin fest, was du willst und wer du sein willst. Und dann vergleichst du, aber nicht negativ oder dir selbst deine Kraft

raubend, wo du aktuell stehst und was du verändern musst. Und du notierst dir Ideen, wie du es verändern kannst.
Souverän und erhaben wirst du dann, wenn du deine Macht spürst und sie lebst. Wenn du erkennst, dass alles für dich möglich ist. Wenn du dir erlaubst, dass alles für dich möglich ist. In deinem Journal richtest du dich auf das Positive in deinem Leben aus. Du kannst dir etwa anschauen, wo du heute deine Erhabenheit fühlen und leben kannst. Vielleicht im Kreis einer Frauengemeinschaft, mit deinen Kindern, deiner Familie oder am Arbeitsplatz. Du kannst notieren, was du dir vorstellst und es dann tun. Wenn du dich fragst, was für dich Souveränität bedeutet und du dir selbst die Antwort gibst, dass es für dich bedeutet, mit all deiner Kraft und Rat und Tat deiner Umwelt zur Seite zu stehen, dann kannst du überlegen, wie du das in deinem Alltag umsetzen kannst. Vielleicht wünschst du dir es bis jetzt nur, so zu sein. Aber wenn du es einmal aufgeschrieben hast, hast du es auch erkannt. Und dann kannst du in die Umsetzung gehen. Überlege, wie du das schaffen könntest. Vielleicht bist du schüchtern und fängst mit ganz kleinen Schritten an. Fange trotzdem einfach an! Vielleicht bist du Beraterin im Verkauf oder Coach. Was kannst du deinem Umfeld geben, dass jeder sich wohlfühlt? Wie weit kannst du gehen, dass du dich noch wohlfühlst? Wenn es ein Zwang für dich ist, ist es kein Gefühl der Souveränität.

Souveränität und Erhabenheit haben sicherlich auch etwas mit finanziellem Reichtum zu tun. Daher ist jetzt der richtige Zeitpunkt, um zu erkennen, wie deine Gedanken zum Thema Geld sind. „Geld haben" bedeutet Fülle, während „Geld nicht haben" Mangel bedeutet. Wie lebst du derzeit? Im Mangel oder in der Fülle? Denkst du, dass genug für dich da ist? Oder ist nicht genug da? Ist genug da, aber „verknappst" du dir es selbst, indem du dir einredest, dass nicht genug da ist? Was ist dein Verständnis von

Fülle. Fülle gibt es ja nicht nur beim Thema Geld. Denke darüber nach, wo du in der Fülle bist. Wo findest du Fülle in deinem Leben? Auch die Verbundenheit mit dir selbst ist ein Zeichen von Fülle. Wie verbunden bist du mit dir selbst? Was ist dein Verständnis von Fülle? Das ist ein wichtiger Punkt, den du gerne in deinem Journal beantworten kannst. Was bedeutet Fülle für dich? Was müsstest du haben, besitzen, können, um dich in der Fülle zu fühlen?
Oder lebst du im Mangel? Was bedeutet Mangel für dich? Wahrscheinlich wirst du in ein paar Situationen in der Fülle leben und in anderen im Mangel. Hier kannst du vergleichen! Was fühlst und machst du, damit du hier in der Fülle bist? Was fühlst und machst du, dass du hier im Mangel bist? Kannst du Unterschiede in deinem Verhalten feststellen? Kannst du das Verhalten beim Thema Mangel verändern?
Wichtig zu erkennen ist ebenfalls, dass Dankbarkeit ein wichtiges Thema in Hinblick auf Fülle und Mangel ist. Denn alles, worauf du deine Aufmerksamkeit richtest, wird sich erhöhen. Deshalb ist es von Vorteil, wenn du für das dankst, was du bereits hast und ständig bekommst. Denn alles das wird sich vermehren. Bist du also dankbar für alles, was du hast? Oder nimmst du es einfach so hin? Glaubst du, dass du nichts daran ändern kannst, ob du im Mangel oder in der Fülle lebst? Und weil sich alles vermehrt, auf das du deine Aufmerksamkeit richtest, kannst du darüber nachdenken, wie oft du an Mangel denkst. Und wo du deine Mangelgedanken gegen Füllegedanken austauschen kannst.

Souveränität heißt auch, an dich selbst zu glauben. An dich selbst zu glauben, wenn kein anderer es tut. Tief in dir verbunden zu sein, wenn dein Umfeld dir einreden will, dass deine Pläne wertlos sind und, dass du deine Ziele niemals erreichen wirst. Mach dir klar, dass keiner weiß, was du erreichen kannst und was nicht.

Und keiner kann abschätzen, ob deine Pläne wertvoll sind oder nicht (deine Kunden werden dies entscheiden, wenn du sie verwirklicht hast). Für dich sind deine Ziele und Pläne wichtig und wertvoll, also halte daran fest und setze sie um. Bleibe bei dir und in dir, lass Kritik nicht an dich heran. Denk gar nicht darüber nach, schiebe sie zur Seite. Vielleicht wurdest du so erzogen, dass du deinem Umfeld und seinen Urteilen mehr vertraust als dir selbst. Wenn du erkannt hast, dass es so ist, dann kannst du es verändern. Nimm den Platz ein, der dir zusteht: den Ersten! Nimm eine neue Perspektive ein, stell dich in den Mittelpunkt! Werde dir klar darüber, wer du bist. Sei verbunden mit dir selbst und finde Klarheit. Klarheit darüber, wo dein Platz ist. Klarheit darüber, wie du anderen dienen kannst und wie sie dir dienen können. Beziehe Stellung, nimm deine Position ein und deine Aufgabe an! Das bedeutet nicht, dass du dich dem hierarchischen, patriarchischen System unterwirfst. Es bedeutet viel mehr! Es bedeutet, dass du die Kraft in dir selbst und in jeder anderen Frau weckst!
Nimm den Raum ein, der dir zusteht! Habe keine Angst, denn alles, was du brauchst, wird sich auf deinem Weg entfalten, wenn du erst losgegangen bist.

Souverän und erhaben kannst du nur sein, wenn du in der Fülle lebst! Wenn du täglich mit Mangel umgehst – hier ist nicht nur Geldmangel, sondern jeder Mangel, zum Beispiel auch Gefühlsmangel gemeint – kannst du deine Souveränität nicht voll entfalten. Deshalb sollten wir hier noch einmal über das Thema Geld sprechen, über deinen Verdienst. Was verdienst du? Bekommst du das, was du verdienst? Wie groß denkst du über dich? Was ist deine Arbeit wert? Hältst du sie für wertvoll? Oder bist du der Meinung, dass du nur „irgendetwas" abarbeitest? Wenn sich deine Einstellung gegenüber deiner Arbeit ändert, ändert sich

vielleicht auch das, was du „verdienst"? Fühlst du dich reich? Bist du reich? Hast du ein Reich? Welches Gefühl kommt in dir hoch? Erkenne und beleuchte es! Verdienst du es, reich zu sein? Bist du würdig, reich zu sein? Haben Fülle, Reichtum und Wohlergehen einen Platz in deinem Leben? Hier geht es wieder um das Thema Verantwortung! Wer ist verantwortlich für deinen Lebensstandard? Bist du es selbst? Oder hast du diese Verantwortung abgegeben?
Wenn du im Mangel lebst, überlege dir, was dieses Thema mit dir zu tun hat. Welche Funktion hat deine Abgeschnittenheit von der Fülle? Ist sie eine Entschuldigung? Was willst du verstecken? Sagst du oftmals: „Das verdiene ich nicht!", „Dafür bin ich unwürdig!" oder „Das bin ich nicht wert!" Was bist du dir wert?

Mit der Souveränität und der Erhabenheit haben Reichtum, Fülle und Wohlergehen einen Platz in deinem Leben. Wenn du für dich selbst sorgst, nicht nur im finanziellen Sinne, streifst du die Fesseln der Abhängigkeit ab. Du entscheidest über dich selbst und über dein Geld. Du befreist dich aus der Unmündigkeit. Du bist nicht mehr an einen Mann oder Arbeitgeber gebunden.
Reichtum in all deinen Lebensbereichen solltest du dir nicht nur heimlich wünschen und ersehnen, du solltest ihn einfordern. Auch dir selbst gegenüber! Wo in deinem Leben findest du Reichtum? Wo kannst du ihn erschaffen? Wie kannst du Reichtum in dein Leben ziehen? Wo kannst du deine Erhabenheit leben? Schaue dir an, ob du Wegweiser für andere setzt oder den Vorgaben anderer folgst. Lebst du deine Führungsrolle aus (kann auch in der Familie oder in deinem Freundeskreis sein) ohne andere unter Druck zu setzen? Wie fühlt es sich an, wenn du deinen Platz eingenommen hast? Füllst du ihn natürlich aus? Oder hast du Zweifel?

Wohlergehen in allen Bereichen hat auch mit der Fürsorge für andere zu tun. Wenn du keine Schwierigkeiten mit der Fülle hast, wünschst du bestimmt auch anderen Menschen dieselbe Fülle. Stehe zu deinem Wunsch und werde aktiv. Dieser Wunsch ist absolut legitim. Du kannst stolz auf alles sein, was du für andere tust.

Zur Souveränität gehört auch die Gelassenheit!

Die Gelassenheit, dass nichts perfekt sein muss, was du tust. Wichtig ist, dass du es überhaupt tust.

Die Gelassenheit, dass nicht alles heute erledigt werden muss oder kann.

Die Gelassenheit, es einfach mal geschehen zu lassen, mit dir geschehen zu lassen. Dich nicht zu wehren, sondern das anzunehmen, was jetzt ist – was in diesem Moment geschieht.

Die Gelassenheit, deine eigene Fülle und deinen eigenen Reichtum anzunehmen. Fülle in Form von Glück, positiven Gefühlen, Geld und Wohlergehen anzunehmen. Dein Leben ist ein Geschenk! Und so solltest du es auch behandeln! Glaube an deine Souveränität, erfahre sie durch deine Taten. Gelassenheit lässt dich dabei in der weiblichen Schöpfungsenergie sein. Fühle diese Energie, die dein Leben zum Erblühen bringt.

Wie kommst du nun in deine Souveränität? Hier dienen dir deine Gefühle als Wegweiser. Du kannst ganz einfach entscheiden! Bevor du ein neues Projekt angehst, etwas tun willst, frage dich: Wird das, was ich jetzt tun will, eine Freude für mich sein (achte hier auf dein Gefühl zum Thema „müssen" und „wollen")? Fördert es mein Wohlsein? Ja oder nein? Welche Antwort kommt spontan aus dir heraus? Lass dich darauf ein und handle danach. Richte dich auf die Tätigkeiten aus, mit denen du dich wohlfühlst. Richte dich gefühlsmäßig nach den warmen Strahlen der Sonne aus, wie die Pflanzen es tun. Wenn zu viel „müssen" in deinem

Leben ist, dann überlege, wie du es in „wollen“ verwandeln oder was du loslassen kannst. Du bist im Austausch mit deinem Umfeld, alles ist ein Geben und Nehmen. Wenn du mit mehr „wollen“ geben kannst, wird auch eine neue Energie zu dir zurückfließen.

Souveränität hat immer etwas mit Selbstbewusstsein zu tun. Deshalb bedeutet Souveränität auch oftmals Regelbruch. Die Regeln und Traditionen, die in dieser Welt für uns Frauen aufgestellt wurden, sind oftmals veraltet und völlig unbrauchbar. Mit deiner erhabenen und souveränen Art erkennst du das. Trau dich, offen dagegen vorzugehen und diese alten, starren Regeln und Traditionen aufzuzeigen und Vorschläge für eine Neugestaltung zu machen. Ändere die Regeln und Traditionen so ab, damit es dir damit gutgeht. Und ja, trau dich! Nichts auf dieser Welt ist in Stein gemeißelt! Denn oft wurden diese Regeln und Traditionen dazu gemacht, uns Frauen klein zu halten und uns aus unserer eigentlichen, wahren Kraft zu bringen! Und in diese Kraft müssen wir gemeinsam nun wieder hineinfinden.
Es ist für Frauen nicht nötig, diese Regeln und Traditionen mit Gewalt oder der Brechstange biegen zu müssen. Die Energie der Frauen gleicht eher dem steten Tropfen, der den Stein höhlt! Und sie führt genauso dauerhaft zum Erfolg!

Deine Affirmation: „Ich bin souverän und erhaben. Ich erkenne meinen inneren und äußeren Reichtum und handele aus meiner größten Macht heraus zum Wohle aller.“

9. Kapitel

An deine Macht glauben

Fühlst du dich abhängig oder unabhängig? Diese Frage gilt für dein Denken und dein Sein. Fühlst du dich machtvoll? Oder spürst du eher eine Machtlosigkeit, wenn du an dein Leben denkst? Wenn du dich machtlos fühlst, dein Leben nach dem Müssen ausgerichtet ist, hast du oft wenig Kraft. Wahrscheinlich bist du müde und antriebslos. Der tiefere Grund dafür ist fehlende Selbstwertschätzung, fehlende Wertschätzung von außen. Dir fehlt Sichtbarkeit. Dein Umfeld geht mit dir um, wie es ihm gefällt. Du protestierst nicht. Du fühlst dich unsichtbar, nicht wahrgenommen, nicht geliebt. Du hast das Gefühl, dass du nichts zu sagen hast und dass dir über den Mund gefahren wird. Du suchst Sichtbarkeit im Außen, indem du gibst, mehr und immer mehr. Du gibst mehr als du bekommst, um geliebt und gesehen zu werden. Manchmal, wenn dein langer Arbeitstag vorbei ist, fühlst du eine Öde, eine innere Langeweile in dir. Diese Leere kommt daher, dass du nicht das tust, was deinem wahren Ich, deiner Gabe, deinem Geburtsrecht entspricht. „Ich bin das nicht wert" oder „Ich habe das nicht verdient" sind deine Gedanken. Du hast es nicht verdient, glücklich zu sein, weil du nicht die Erfolge bringst, die andere von dir erwarten. Du hast es nicht verdient, geliebt zu werden, weil du nicht gut genug bist. Was musst du noch alles geben, um geliebt und gesehen zu werden? Gleichzeitig ist in dir eine Sehnsucht nach Zuwendung, eine Sehnsucht nach Liebe und nach Respekt …

Mach die Augen auf! Wenn du deine Macht zurückerlangst, bekommst du auch das Leben, das du verdienst und das du dir wünschst. Eines der größten Hindernisse auf deinem Weg zu deiner Macht ist die Angst. Das Zweite ist fehlendes Vertrauen. Aber zuerst zur Angst. Anderen Menschen vor den Kopf zu stoßen, ihnen weh zu tun, fühlt sich vielleicht unangenehm an. Frauen sind feinfühlig, sie besitzen Einfühlungsvermögen und wissen, wie es dem Gegenüber geht. Und sie leiden mit. Hier die eigene Macht auszuspielen, zum Wohle der Mehrheit, und einige wenige vor den Kopf zu stoßen, ist für sensible Frauen eine Herausforderung. Dann lieber verzichten und dafür sorgen, dass es dem Gegenüber gutgeht - so sind wir erzogen. Doch dieses Verhaltensmuster sollten wir schnell loslassen, denn damit wird es uns selbst auf Dauer nicht gutgehen. Wenn wir immer verzichten zugunsten der anderen, werden wir irgendwann ausgelaugt sein. Es ist an der Zeit, dass wir uns zur wichtigsten Person in unserem Leben machen! Es ist an der Zeit, dass wir unsere Verletzlichkeit und unsere Feinfühligkeit anerkennen, denn sie sind absolute Stärken. Jedoch sollten wir diese beiden Eigenschaften zukünftig zu unseren Gunsten einsetzen. Wenn ich spüre, dass es mir nicht guttut, dann lasse ich es. Wenn etwas jedoch mein wirkliches Ziel ist, werde ich nicht zu stoppen sein.

Ein wichtiger Punkt zur Entfaltung deiner eigenen Macht ist es, dass du nicht alles auf dich beziehst. Frauen suchen immer nach einer Erklärung für das Verhalten anderer. Und meistens beziehen sie dieses Verhalten auf sich und einen oder mehrere Fehler, die sie selbst gemacht haben. „Warum hat der jetzt gehupt? Was habe ich falsch gemacht?“ oder „Warum ist der heute so unfreundlich zu mir? Was habe ich ihm getan?“ Wenn du Gedanken lesen könntest, würdest du feststellen, dass mindestens 95 % der Dinge, die du auf dich beziehst, gar nichts mit dir zu tun haben.
Die Angst, dass du ausgelacht wirst, dass mit dem Finger auf dich gezeigt wird, dass du gar für verrückt erklärt wirst, gibt es ebenfalls. Oftmals hast du diese Ängste, weil du nicht vertraust. Wem? In erster Linie dir selbst, aber auch der Schöpfung. Denn jeder ist hier zu einem bestimmten Zweck. Wenn du ihn lebst, geht es dir gut und du bist im Fluss. Wenn du ihn nicht lebst, musst du ihn herausfinden und danach leben. Wenn du zu einem Zweck hier

bist, diesen Zweck gefunden hast und danach lebst, kannst du dann versagen? Hast du das Vertrauen, dass dann nichts schiefgehen kann? Kannst du den Unterschied zwischen einem Rückschlag und Versagen erkennen? Denn einen Rückschlag kannst du immer mal erleiden, aber versagen tust du erst, wenn du aufgibst!

Dein Vertrauen kommt, wenn du anfängst, es zu tun.

Dein Vertrauen kommt, wenn du den ersten Schritt wagst.

Dein Vertrauen kommt, wenn du deine ersten positiven Erfahrungen sammelst.

Dein Vertrauen ist ein zartes Pflänzchen! Du musst es von allen Besserwissern und „gut gemeinten" Ratschlägen abschirmen. Demütigend sind die Zeitgenossen, die dir die Wange tätscheln und sagen, dass es eh nichts wird mit deinem Vorhaben. Die dir raten, nicht von deinem „normalen" Weg abzukommen. Aber schau dir diese Menschen genau an. Was haben sie erreicht? Was zum Wohl der Menschheit beigetragen? Wie gehen sie mit anderen Leuten um? Und besonders beachtenswert: Wie gehen andere Personen mit ihnen um?

Am besten bleibst du in diesen Fällen ganz bei dir! Und noch besser ist es, wenn du weißt, wohin du wirklich gehörst. Hast du Freunde, mit denen du gerne zusammen bist? Menschen, die dich loben, Begeisterung für deinen Weg zeigen und dich unterstützen? Der Zusammenschluss mit wohlwollenden Frauen wird deine Macht potenzieren!

Schamgefühl ist ebenfalls ein Machtkiller! „Schäm dich was!", wie oft hast du das zu hören bekommen. Meistens dann, wenn etwas passierte, was dein Umfeld nicht zuordnen konnte oder was ihm peinlich war. Deshalb müssen wir hier ein Thema anschneiden, dessen Wirkmacht wir Frauen uns unbedingt zurückholen müssen! Kraft unserer Feinfühligkeit und unseres Einfühlungsvermögens gibt es viele Frauen, die sehen können. Sie wurden früher „Seherinnen" genannt. Ob es Bilder, Gedanken, energetische Erscheinungen sind, ist nicht wichtig! „Du siehst Gespenster!", eine abfällige Bemerkung. „Träumst du wieder vor dich hin!", ein Rückruf in die Realität. Doch die Wahrheit ist, dass viele von uns (in anderen Menschen) etwas sehen oder fühlen, was anderen nicht auffällt. Früher waren die Seherinnen anerkannt, heute glauben nur noch wenige an solche „Phänomene". Was früher alltäglich war, dass Frauen um Rat gefragt wurden – das ist ja noch heute so, jedoch wird dann ein „bodenständiger" Rat erwartet. Nun kommt mit den vielen, neuen weiblichen Coaches die Welt der Beraterinnen auf die Erde zurück. Zu vielen Themen und allen Facetten gibt es sie mittlerweile! Tausende von liebe- und lichtvollen Expertinnen, die unser Denken, Fühlen und Handeln im Einklang mit uns verändern wollen und können. Dankend und ohne Scheu sollten wir diese Hilfe annehmen, denn sie wird uns alle gemeinsam weiterbringen! Diese Frauen haben oft ein wunderbares Gespür dafür, wo wir zurzeit stehen. Und mit ihnen können wir herausfinden, wo wir hinwollen und wie wir dort hinkommen. Diese Frauen sehen dein Leben aus einer anderen Sicht. Sie bringen dir Einsicht und Struktur.

Und bestimmt bist du selbst auch eine von ihnen! Es kann sein, dass du deine Hellsinne gar nicht wahrnimmst, weil sie schon dein ganzes Leben lang ein Teil von dir sind. Oder es fühlt sich für dich seltsam an, diese Sinne zu haben oder gar darüber zu sprechen. Weil du in einem Umfeld bist, das ganz anders ist, für das nur die Realität zählt und das dich immer wieder dahin zurückbringen will. Habe keine Scham, keine Angst und keine Scheu, wenn du Hellsinne hast! Lass dich darauf ein! Je mehr Frauen sich dazu bekennen, desto „normaler" wird es wieder, diese Gaben zu besitzen. Und desto mehr Frauen werden sich dazu bekennen. Und natürlich wird sich deine Macht, durch das Annehmen deiner Fähigkeiten, weiter entfalten. Öffne dich für neue Energien! Schau genau hin! Denn das ist das neue Normal! Nimm wahr, was wahrzunehmen ist. Vertraue darauf, dass alles, was für dich bestimmt ist, sich dir zeigen wird!

Deine Macht entsteht auch durch dein Träumen!
Träume, was du erreichen willst!
Träume, wer du sein willst!
Träume, was du der Welt geben kannst!
Denn diese Träume sind Energie! Und diese Energie erzeugt Schwingungen, die deinen Körper in eine andere Schwingungsebene versetzen. Davon zu träumen, was du wirklich willst, verbindet dich mit dem Großen und Ganzen. Wenn du nicht aufhörst, davon zu träumen und genau hinschaust, wirst du die passenden Botschaften bekommen. Deine Träume sind dein Kompass! Sie zeigen die Richtung an, die dein Leben nehmen soll. Sie stellen deine eigene Ordnung her, nach der du dich richten sollst. Frage, wie es möglich sein kann! Und die Antwort wird kommen! Deine Möglichkeiten sind nicht begrenzt! Das, was du siehst, sind etwa 5% von dem, was wirklich existiert. Konzentriere dich also auf die 95%, denen du bis jetzt noch keine Aufmerksamkeit geschenkt hast! Was will in dein Leben kommen? Wie kannst du deine Macht ergreifen? Was kannst du dafür tun, dass deine Träume Wirklichkeit werden? Diese Frage öffnet den Raum für Eingebungen, die dann, Impuls für Impuls, kommen dürfen. Wichtig ist, dass du diese Impulse erkennst und annimmst. Im Alltag übersehen wir diese Botschaften oft oder wollen sie nicht wahrhaben, weil wir im alten Trott gefangen sind. Aber denke daran, dass du an deine Macht glaubst und sie empfängst. Verleugnen war gestern, in deinem alten Leben! Deine „neue Version“

besitzt völliges Vertrauen. Das Vertrauen, das dieser Impuls genau so gewollt ist, um dich zu deiner Macht und zu deinen neuen Möglichkeiten zu führen!
Was du tust, ist eine Ursache, die du setzt und diese Ursache erzeugt eine Wirkung. Wenn dir das bewusst ist, brauchst du keine weiteren Regeln mehr. Du verstehst, dass alles, was du aussendest, zu dir zurückkommt. Jeder deiner Gedanken, jedes deiner Gefühle, deiner Worte und jede deiner Handlungen wird den Weg zu dir zurückfinden. Dieses Gesetz fördert Vertrauen in Gerechtigkeit und Ausgleich, Liebe und Mitgefühl, statt Ausgrenzung durch Bewertung und Einordnung. Und spätestens jetzt erkennst du, wie mächtig du eigentlich bist! Genau in diesem Moment wird dir bewusst, wie viel Macht du eigentlich hast. Wenn du dich nicht vom Außen beeinflussen lässt, sondern den Weg gehst, den du dir erträumst und ausmalst, wird das zu dir zurückkommen!

Wie kannst du deine Macht im Alltag leben? Schau dir an, was in deinem Leben passiert? Erkenne, dass du alles beeinflussen kannst. Wo denkst du klein?
Deine Macht ist allgegenwärtig! Sie erwartet, dass du deinen Platz einnimmst, um sich vollständig zu zeigen. Sie ist wie deine Lieblingsjacke! Sie wartet geduldig im Schrank, bis du sie überziehst, dich in ihr wohlfühlst und mit ihr nach draußen gehst. Jetzt kommt vielleicht der Gedanke: warum ich? Weil du wichtig bist! Weil du zählst! Weil du gebraucht wirst! Weil du auf dieser Welt gebraucht wirst! Aufgrund deines Daseins hast du das Recht, alles zu verwirklichen und in die Welt zu bringen, was aus dir fließt und was dir wichtig ist. Bestimmt ist deine Botschaft nicht für alle gemacht! Aber viele sind angewiesen auf deine Inhalte! Ihnen zu helfen, sollte oberste Priorität haben.

Nimm deine Macht als selbstverständlich an! Du hast etwas zu sagen, und es ist dein Recht, so zu denken und zu handeln, wie du gerne möchtest und wie du es dir wünschst! Öffne dich für deine Macht! Deine Macht kann dir keiner geben! Du musst dich selbst ermächtigen! Du musst deine Macht und den Machtgedanken für dich zulassen. Deine Gedanken kann dir keiner nehmen! Handle danach! Auch wenn die Situation jetzt noch nicht so ist, wie du dir sie wünschst. Sie wird sich nur verändern, wenn du etwas dafür tust. Wenn dir jetzt viel durch den Kopf geht, halte inne und notiere deine Gedanken. Sortiere deine Gedanken! Was ist deine Vision? Welches Bild hältst du von dir in deinen Gedanken? Ist es ein mächtiges Bild? Oder ist es geprägt von Selbstvorwürfen und Minderwertigkeiten? Mit letzteren beiden Gedankengängen muss jetzt Schluss sein, denn in dir brennt das Feuer deiner Macht! Auch wenn es bis jetzt nur ein Glühen ist, du kannst es neu entfachen! Wenn du deine Macht auslebst, bist du nicht mehr schutzlos! Du beschützt dich selbst, weil du den Raum einnimmst, der dir zusteht. Du wirst stark und frei! Fühle in dich hinein, wie dein Leben wäre, wenn du deine Macht lebst! Welche Träume und Ziele hättest du, wenn du groß denken würdest? Wie fühlst du dich damit?

Jeder Mensch ist ein Wunder. Jedes Leben ist ein Wunder. Erkennst du die Kraft deiner Wünsche und Ziele, die dich zum Handeln antreibt? Richte dich aus! Wenn es einen Rückschlag gibt, richte dich auf und mache weiter. Wenn dein Ziel nicht mehr das richtige ist, dann verändere es! Wenn deine Idee dir verrückt und absolut unmöglich erscheint, dann deswegen, weil sie noch nicht in die Welt gebracht wurde. Den Beweis für die Wichtigkeit dieser Idee bekommst du erst, wenn du sie verwirklicht hast und siehst, wie sie deinem Umfeld wichtig und hilfreich ist. Deine Idee ist jetzt noch deine Idee, aber sie muss allen gehören, damit wir uns

gemeinsam weiterentwickeln. Aus Verrücktheit wird Wirklichkeit! Die Schwingung der Idee verdichtet sich und wird zu deiner Dienstleistung oder zu deinem Produkt.
Was kannst du tun, um Ängste und Blockaden zu überwinden? Mache dir ein genaues Zukunftsbild von dir und deiner bereits verwirklichten Idee und halte daran fest. Erkenne Impulse und Botschaften, denn sie bringen Macht in dein Leben! Diese Botschaften können von innen (Bilder, Ideen) oder von außen (Dinge, die etwas mit dir machen, die dich beschäftigen) kommen. Vertraue darauf, dass du ein wichtiger Teil der kosmischen Ordnung bist. Was du tust, ist richtig und wichtig! Bring Zufriedenheit in dein Leben! Lasse los, was dir nicht dient und lasse herein, was dir dient!

Lebe von innen nach außen. Das bedeutet, dass du nicht die Außenwelt bestimmen lässt, wer du bist, sondern dass du selbst entscheidest. Mach dich frei von den Äußerungen, Nachrichten und dem Geplapper der Außenwelt!
Wenn du nach dem handelst, was andere über dich sagen, dann lebst du von außen nach innen.
Wenn du selbst entscheidest, wer und was du bist und deinem Umfeld deine Sichtweise zeigst, lebst du von innen nach außen.
Dich erhaben zu fühlen, bedeutet, dass du dich über Kleinigkeiten stellst und dass du dich mit Kleinigkeiten nicht mehr abgibst. Wenn du dich erhaben fühlst, dann ist alles für dich möglich!

Deine Affirmation: „Ich nehme den Raum ein, der mir zusteht! Ich erkenne Impulse und Botschaften und setze sie um. Ich bestimme selbst, wer oder was ich bin."

10. Kapitel

Deine Dankbarkeit ausdrücken

Dankbarkeit ist ein wichtiger Faktor, um ein glückliches Leben zu führen. Warum solltest du dankbar sein, fragst du dich vielleicht gerade. Weil dankbar sein bedeutet, dass du in deine Ordnung findest, dass du in Ordnung bist und, dass du tief in dir an dich, als positiven Menschen glaubst. Gehst du noch einige kleine Schritte weiter, kommt das Heil sein, das Vollkommen sein in dir zum Vorschein. Dieser Zustand ist erstrebenswert. Und deshalb solltest du ein Leben in Dankbarkeit anstreben.

Viele Frauen nehmen ihr Leben und alles, was sie haben, als selbstverständlich wahr. Warum dankbar sein? Weil all das eben nicht selbstverständlich ist. Dass du heute Morgen aufgewacht bist, ist nicht selbstverständlich, denn viele sind es nicht mehr. Dass wir überhaupt in relativer Freiheit leben können, ist nicht selbstverständlich. Dankbarkeit lässt dich den Fokus auf alles richten, was gut ist in deinem Leben. Und alles, worauf du deinen Fokus richtest, wird sich vermehren!

„Alles, worauf du deinen Fokus richtest, wir sich vermehren!"
Diesen Satz solltest du nicht zu schnell überlesen! Denn er enthält eine essenzielle Wahrheit! Wenn du jetzt über dein Leben nachdenkst und über alles, auf das du dich konzentriert hast, was hat sich in deinem Leben ereignet? Waren es eher positive oder negative Dinge und Situationen?

Wenn du jetzt abschweifst und sagst, dass viele Dinge dir einfach passiert sind, ohne dass du an sie gedacht hast, ist das deine Wahrheit. Dinge passieren, Situationen treten in dein Leben. Aber wie gehst du damit um? Erkennst du das Positive oder das Negative? Denn in diese Richtung wird sich die Situation verschieben. Wie lautet deine Wahrheit? Was ist deine Wirklichkeit dahinter?

Siehst du den Mangel oder die Fülle? Vertraust du? Wenn es vorgekommen ist, dass du eine schlimme, gedanklich unüberwindliche Situation erlebt hast, frage dich, wie du heute darüber denkst. Kannst du sie loslassen? Oder lähmt sie dich noch immer? Kannst du dich damit anfreunden, dass sie dir passiert ist? Oder identifizierst du dich noch mit ihr? Bist du noch in ihr gefangen? Dann wird sie zu deinem Gefängnis. Sie wird dein Mangel, dein Stigma! Diese Situation wird zum Zentrum deines Lebens. Sie wird zum Fundament, auf das du alles andere aufbaust. Oder schaust du auf die Fülle? Auf das, was noch alles in deinem Leben ist? Auf alles, was gut ist? Dann lässt du diese Situation links liegen, stempelst sie als ein unschönes Ereignis ab, das dich heute nicht mehr beeinflusst.

Deine Seele ist heil und ganz, du bist nur abgetrennt von der Quelle deiner Kraft. Lebst du deine Dankbarkeit, bringst du diese Kraft in dir hervor. In Wirklichkeit bist du vollkommen und heil - jeder von uns ist das. Aber wir haben diese vollkommene Seele noch nicht an die Oberfläche gebracht. Zu viele negative Gedanken, Grenzen, Beschränkungen und zu viele Glaubenssätze halten uns davon ab - auch zu viel Angst und ein Gefühl des Fremdseins. Eigentlich sind wir alle verbunden! Unsere Seelen sind verbunden, wenn wir nicht in unserem Körper leben. Doch dieses Getrenntsein verlangt uns einiges ab. Auch wenn es für uns normal ist, ist es eigentlich nicht normal. Wir empfinden Scheu. Wir machen uns Gedanken, was andere über uns denken könnten, wenn wir uns öffnen. Und diese Scheu hat wieder viel mit Selbstvertrauen zu tun. Aber auch viel damit, alles perfekt machen zu wollen und alles vorher genau planen zu müssen. Es entsteht zu viel im Kopf und zu wenig in Herz und Bauch. Vielleicht fragen wir zu viel nach dem Wie und geben uns selbst zu wenig Freiraum. Alles spielt sich auf einem abgesteckten Platz ab - der Sichtweise aus unserem Kopf heraus.

Tief in dir kannst du fühlen, dass es viel mehr gibt. Du bist von Fülle und Liebe und Heil umgeben und darfst dankbar dafür sein. All das darfst du dir erlauben; du darfst es für dich zulassen. Frage dich, für was du alles dankbar bist. Es gibt so viel. Welche Erfolge lebst du gerade? Welche Erfolge hattest du bereits? An welchen Erfolgen arbeitest du gerade? Nimm dein Herz und fühle, was Dankbarkeit in dir hervorruft. Stelle dir alle Bereiche vor und sei nicht kritisch mit dir selbst. Rufe dir Glücksmomente aus deinem Leben ins Gedächtnis: im Familienleben, im Liebesleben, in Arbeit und Berufung, in deiner Spiritualität, in deiner Gesundheit, bei deinen Geldangelegenheiten, in deinem Körper, deinem Haus, bei Festen. Lasse dir alles durch den Kopf und dein Herz gehen, was gut war. Und sei noch einmal dankbar dafür. Dankbar, dass du dabei warst, dass du es miterleben durftest, dass dir genau das passiert ist. Manchmal sind es auch Dinge oder Erlebnisse, die dir im ersten Moment negativ erschienen sind, sich dann aber als positiv herausgestellt haben. Was wurde dir in deinem Leben, in diesem Jahr geschenkt? Was hast du selbst erfahren? Was hast du anderen gegeben, für das sie dankbar sein können? Was ist dir gelungen? Was hast du so lange immer wieder und wieder versucht, bis es dir gelungen ist? Merkst du, wie gut es dir tut, dankbar zu sein? Wie dein Körper, deine Gefühle und Gedanken mit positiver Energie geflutet werden? Auf was du deinen Blick wendest, das wird gestärkt! Denke daran und halte diesen positiven Gedanken fest. Es ist noch viel mehr möglich für das du dankbar sein kannst!

Wenn du dich mehr mit deiner Dankbarkeit beschäftigen willst, kannst du eine Dankbarkeitsliste schreiben mit all den Dingen, für die du dankbar bist und mit all den Menschen, denen du dankbar bist. Wunderbar ist es auch, wenn du diese Leute wissen lässt,

dass du ihnen dankbar bist. Ein paar Zeilen oder ein Anruf genügen, um das Feuer der Dankbarkeit von Einem zum Nächsten zu tragen. Wichtig dabei ist, dass du dich auch selbst auf diese Liste setzt. Dankbarkeit setzt einen Prozess in dir in Gang. Dankbarkeit führt dich in eine neue Ordnung. Wenn du dankbar sein kannst, erkennst du. Du erkennst dich selbst, deinen Platz und die Fülle, die in deinem Leben ist und dir stetig zufließt. Du wirst bewusst, nicht nur deiner selbst, sondern auch allem, was um dich herum ist. Dankbarkeit zu üben ist ein Ankommen im Hier und Jetzt. Und sie hat viel mit Freude zu tun. Freude über dich selbst und dein Leben. Die Freude über alle Geschenke, die du vom Leben erhältst. Freude darüber, dass du täglich wieder aufwachst und darüber, dass du versorgt wirst und bist.
Wenn du dir anschaust, was du bereits alles hast, kommt auch der Stolz. Der Stolz auf dich selbst. Und die Erkenntnis, dass du wichtig und wundervoll bist, wenn dir so viel Gutes zufließt. Du bist umsorgt, du wirst versorgt, du musst etwas Besonderes sein.
Wenn du dir anschaust, was du bereits alles weißt, kommt auch der Stolz. Mit deinem Wissen und deinem Können bist du einzigartig - auch wenn viele dasselbe Wissen haben und dasselbe können. In dieser Konstellation, wie du es hast, ist es einzigartig. Und kein anderer Mensch tut die Dinge auf dieselbe Weise, wie du sie tust. Und damit wirst du auch zum Ziel kommen! Erkenne dich und sei dankbar!
Keine Schatten mehr! Alles ist für dich da, alles steht dir zu! Weil du bist, weil du deine Essenz lebst. Du vertraust, du glaubst, du gehst vorwärts. Kreiere, erschaffe, schöpfe aus dem Vollen!

Wenn du dich heute krank fühlst, vertraue deinen Selbstheilungskräften! Sie wissen am besten, was du brauchst.
Wenn du fühlst, was du jetzt brauchst oder was dir guttun würde, dann beschaffe es dir.

Wenn du merkst, dass du eine Pause oder eine Auszeit brauchst, dann nimm sie dir.

Ein wichtiger Punkt ist, dass du deine gedankliche Enge erkennst und dass du sie verlässt. So viel ist möglich für dich, wenn du an dich glaubst und etwas dafür tust.
Wenn du deine großen Ideen von vorneherein ablehnst, dann werden sie niemals verwirklicht werden.
Wenn du deine großen Ideen nicht verwirklichst und nicht in die Welt bringst, kann es sein, dass du unzähligen tausenden Menschen die Hilfe versagst, die du ihnen durch deine Idee geben würdest.

Dankbarkeit hat oftmals mit Loslassen zu tun. Loslassen im positiven Sinne, nicht unter Zwang. Die neue Ordnung, die sie in dir schafft, will auch im Außen gelebt werden. Was kannst du heute ausmisten? Was kannst du heute in Ordnung bringen? Denk daran, dass auch dies ein Prozess ist. Nimm dir nicht so viel vor. Was kannst du heute „in Ordnung" bringen? Hier ist nicht nur die Ordnung der Dinge gemeint, die du „schuldest", sondern auch die, bei der du erhältst: Welche Dinge musst du zurückgeben? Welche Rechnungen bezahlen? Welchen Streit beilegen? Wem eine wichtige Nachricht zukommen lassen? Welche deiner Dinge sind noch verliehen und sollten langsam den Weg zu dir zurückfinden? Woher bekommst du noch Geld? Wem kannst du heute die Hand bieten, um eine Meinungsverschiedenheit beizulegen? Sei dankbar für jeden einzelnen Schritt, den du heute gegangen bist und noch gehen kannst, der dich in deine Ordnung zurückführt.
Loslassen heißt auch, dass du dein Gedankenkarussell beobachtest. Es heißt, dass du alle Esel und Oldtimer und Feuerwehrautos entfernst, die dir nicht dienen. Lass alle Gedanken los, die in dir

kein gutes Gefühl verursachen. Auch hier ist ein tiefes Verständnis nötig für alles, was dir dient und alles, was du in Dankbarkeit loslassen kannst. Und ein tiefes Verständnis für dich und alles, von dem du jetzt denkst, dass du es hättest besser machen können. Verurteile dich nicht, sondern sei dankbar dafür, dass du es jetzt erkannt hast und veränderst.

Dankbarkeit hat viel mit Selbsterkenntnis zu tun. Je älter du wirst, desto selbstsicherer wirst du. Und du weißt, was dir guttut. Du bist gefestigt. Aber dein Traum, dein Ziel ist immer noch da. Vielleicht kommst du dir verrückt vor unter all den anderen mit deiner Vision. „Verrückt" muss nicht bedeuten, dass es an dir liegt. Wenn du mit Menschen verkehrst, die nicht auf deiner Wellenlänge liegen – das kann zum Beispiel ganz schnell passieren, wenn du den „falschen" Beruf wählst – dann fühlst du dich fehl am Platz. Du fühlst dich falsch, du fühlst dich nicht zugehörig. Aber es sind die anderen, die nicht zu dir passen. Es ist wie bei dem alten Witz: „Ein Geisterfahrer? Hunderte, hunderte!" Du musst sehr aufmerksam und achtsam sein, um das zu erkennen. Und du musst es erkennen wollen! Du musst dazu stehen und dir ein Umfeld suchen, in dem du akzeptiert wirst, wie du bist. Weil diese Menschen genauso sind. Mit deiner „verrückten" Idee ist es ebenso. Weil sie noch nicht in der Welt ist, weil sie noch nicht „zurechtgerückt" wurde und im Alltag gelebt wird. Wie viele Ideen wurden schon für verrückt gehalten, die der Menschheit eine große Bereicherung gebracht haben? Sei dankbar für diese Idee! Arbeite an ihr und bringe sie in die Welt!

Sei ehrlich zu dir selbst! Anderen kannst du vielleicht etwas vormachen, aber dir nicht. Ausreden und Ausflüchte wirken nur im außen! Vor dir selbst jedoch kannst du nichts verheimlichen. Was redest du dir selbst ein? Was wolltest du bis jetzt selbst nicht wahrhaben? Wenn alles möglich ist, welche Herzenswünsche hast du bist jetzt noch nicht gelebt, nicht in die Welt gebracht? Wo stehst du dir selbst im Weg? Bei dieser ehrlichen Selbsteinschätzung brauchst du eine Portion Verletzlichkeit. Lasse sie zu! Aber verurteile dich nicht. Es war bis jetzt gut so, wie es war, denn es hat dir gedient. Nimm mit Liebe und Dankbarkeit an, was war. Und dann lasse los und mache Platz für Neues. Mit all dieser Innenschau stellst du deine eigene Ordnung her. Du ordnest dich selbst neu, du ordnest den ganzen Planeten neu. Wenn du deine innere Wahrheit, deine innere Weisheit lebst, wird nicht nur für dich ein neues Zeitalter beginnen.

Loslassen kannst du auch Gedanken und Muster, die deinem neuen Leben nicht mehr dienen. Loslassen heißt erkennen. Das Erkennen ist eine Reise zu dir. Nimm dir Zeit dafür! Nimm dir Zeit, auch wenn du denkst, dass du davon am wenigsten hast. Denn nur so kannst du das Hamsterrad ausbremsen! Setze oder lege dich an einen ruhigen und störungsfreien Ort. Gehe deine Gedanken durch. Scheue keinen von ihnen, denn du bist allein in dir, an einem sicheren Ort. Welcher Gedanke kommt dir zuerst in den Sinn? Und welcher Gedanke danach? Siehst du Bilder? Fühlst du etwas? Bleibe im Fluss, lasse den Film vor dir ablaufen. Schaue dir alles an, aber lasse dich nicht berühren, schaue alles aus der Distanz an, als würde es einen anderen Menschen betreffen. Atme tief und bedanke dich innerlich für jede Szene, die an dir vorbeizieht. Lasse das Vergangene los, lasse es ziehen, schließe die Tür und schaffe Platz für Neues: für neue Gedanken und neue Erlebnisse. Fühlst du Dankbarkeit und Frieden dafür, dass das alles sein durfte, aber nun abgeschlossen ist? Oder gibt es Szenen, welche dir noch im Kopf herumwandern, mit denen du im Moment keinen Frieden schließen kannst? Hast du vielleicht erkannt, dass in dir ein „Selbstzerstörungsprogramm“ abläuft? Dass du dich selbst behinderst und dir selbst im Weg stehst? Dann lasse diese

Gedanken erst einmal nur da sein, ohne sie zu bewerten. Danke für die Erkenntnis und schiebe diese Gedanken zur Seite. Sage ihnen, dass du dich später um sie kümmern wirst. Sie sind eine Botschaft, aber im Moment wendest du dich dem zu, was du wirklich willst. Was möchtest du in dein Leben bringen? Wofür hast du Platz gemacht? Begrüße voller Dankbarkeit deine Herzenswünsche. Fühle diese Wünsche in deinem Herzen, nicht in deinem Kopf (deshalb heißen sie Herzenswünsche). Beachte kein: „Das schaffe ich nie!" oder „Wie soll das gehen?" und „Das ist unmöglich!". Spüre einfach diese Wünsche und ihre Energie. Was würde dich in deinem Leben so sehr erfüllen, dass es sich anfühlt, als wärest du frisch verliebt? Du bist die Schöpferin deines Lebens, du kreierst alles selbst, was in deine Welt kommt. Rede dich und deine Wünsche selbst nicht klein! Akzeptiere sie, wenn es wirklich deine sind und du sie unbedingt erreichen möchtest, wenn du dafür brennst. Sei dankbar, dass sie sich dir gezeigt haben, und schreibe sie auf. Lasse alle Ideen, Visionen und Wege dorthin aus dir auf ein Blatt oder mehrere Blätter fließen, denn das wird dein neuer Kompass, dein Wegweiser sein. Was lässt dich wachsen und dein Selbst entfalten? Heiße alle Wünsche, Ideen und Visionen willkommen. Deine Talente sind dein Geschenk für dich, um all dies zu verwirklichen. Das Umsetzen und Herausbringen wird ein Geschenk für die Welt sein. Und es wird ein Geschenk für dich sein! Denn dadurch wirst du selbst heilen. Wenn du vorwärts gehst, deine Visionen umsetzt und loslässt, was dir nicht mehr dient, werden deine Selbstheilungskräfte fließen.

Sei dankbar für alle Botschaften und Erkenntnisse, die zu dir kommen. Sie sind wichtig für deine Entwicklung. Sei ehrlich zu dir selbst und mache dir keine Vorwürfe. Irgendwann werden Gedanken und Bilder kommen, die du nicht sehen willst. Wenn du dich bereit fühlst, schaue trotzdem hin. Denn dadurch kommst du tiefer zu dir. Wenn du sie loslassen kannst, dann wächst du, und dann wird eine neue Energie in dir sein. Was du hier tust, ist Selbstbefreiung. Selbstbefreiung, die von innen kommt und die verstanden und gelebt wird, weil sie aus dir selbst heraus entstanden ist.

Deine Affirmation: „Ich bin dankbar für alles, was ist und was in mein Leben treten wird! In meiner Dankbarkeit erkenne ich, dass ich heil und ganz bin, denn ich werde zu dem, was ich denke."

11. Kapitel

Dich deinen Wünschen unterwerfen

Das Wort „unterwerfen“ klingt hart, aber es wurde gewählt, um dir klarzumachen, wie du deine Wünsche behandeln sollst. Wenn du dich „unter die Herrschaft deiner Wünsche stellst“, gibst du keine Kontrolle an jemand oder etwas anderes ab, denn es sind ja deine eigenen Wünsche. Du bist es, die all die wunderbaren Dinge in dein Leben bringen will. Das Kapitel hätte auch: „Dich deinen Wünschen fügen“, heißen können. Dich unterwerfen oder fügen bedeutet, dass du vertraust! Du vertraust dir selbst und deiner Kraft, du vertraust deinen Handlungen und der göttlichen Energie. Du vertraust deiner Macht! Du vertraust deiner Schöpfungsenergie, die alles nach draußen bringt. Dies sind alles Kapitel, über die wir bereits gesprochen haben.
Und dieses Vertrauen gibt dir Kraft! Es lässt dich innere Freude und Gelassenheit fühlen und ausstrahlen. Wenn du bis jetzt nicht das erreicht hast, was du dir sehnlichst wünschst oder wenn sich deine Ergebnisse nicht verändern, dann bringt dir das Vertrauen den nötigen Aufwind, und zwar aus folgenden zwei Gründen:

1. Es gibt eine Diskrepanz zwischen dem, was du von dir denkst und was du erreichen willst und dem, was du aktuell machst. Vertrauen schließt diese Lücke. Weil du erkennst, dass alles, was du erreichen willst, richtig und gewollt ist. Du weißt tief in dir, dass du auf dem richtigen Weg bist und keine Angst haben musst, es nach draußen zu bringen. Es kann dir nichts passieren! Wenn du fällst, stehst du wieder auf und gehst weiter!
2. Wenn du darin vertraust, dass es eine göttliche Kraft gibt, die mit dir ist, fühlst du dich nicht mehr allein. Du bist keine Einzelkämpferin mehr, denn du hast die größte vorstellbare Macht auf deiner Seite!

Lasse dir diese beiden Ideen durch den Kopf gehen. Fühlst du dich geborgen? Fühlst du dich verbunden? Fühlst du dich eins mit der einzigartigen und genialen Schöpfungskraft, die deinen Körper flutet, deine Gedanken speist und immer neue Ideen hervorbringt - egal, an welchem Thema du arbeitest? Das ist wahre Stärke! Das ist wahres Einssein mit der göttlichen Kraft! Sie will wachsen! Und deshalb will sie auch, dass du wächst. Gib dir die Erlaubnis zu wachsen und groß zu denken!

Der erste wichtige Punkt hierfür ist, dass du klar formulierst, was du willst und was du nicht willst. Das ist eine klare Entscheidung. Wenn du nicht weißt, was du willst oder dir wirklich wünschst, womit sollst du dann arbeiten, woran glauben? Ein Mensch ohne Ziele und Wünsche ist ein Baum ohne Früchte. Er erschafft nichts und gibt nichts weiter. Du musst eine genaue Position haben, einen klaren Standpunkt, wohin es gehen soll und wohin nicht. Viele wissen nur, was sie nicht wollen und konzentrieren sich darauf. Oftmals bekommen sie dann genau das, weil sie ihre Aufmerksamkeit darauf richten. Nimm dir Zeit, um deine Wünsche und Ziele aufzuschreiben. Du musst dir sicher sein und bewusst wählen, denn sie werden dein Kompass.

Bewusst wählen bedeutet, dass du dir sicher bist, dass es auch deine Ziele sind, denen du dich unterwirfst. Wie oft nehmen wir die Ziele unserer Mitmenschen an, weil wir selbst keine konkreten haben? Oder weil der andere den Wunsch so plastisch und in schillernden Farben darstellt, dass wir uns dies selbst wünschen. Manchmal werden wir gar nicht gefragt. Das Umfeld stülpt uns seine eigenen Wünsche und Vorstellungen über. Und ja, manchmal nehmen wir das gar nicht richtig wahr, aus oben genannten Gründen!

Deshalb lege zuerst fest, was du wirklich willst, was dir wichtig ist. Deine Wünsche und Ziele sind dein Fundament.

Wenn eine Idee, eine Beziehung dir nicht dient, lasse sie los. Du vertraust auf dich als Mensch; du vertraust auf dich als Spiegel des Ganzen. Du lässt los, was dich aufhält und behindert und wandelst es in etwas Positives um.

In diesem Kapitel geht es um Wandlung. Es geht um deine eigene Wandlung! Und es geht ums Loslassen deiner Angst vor dem Wandel und um das Hinführen zur Fülle in deinem Glauben, deinen Gedanken, deinen Gefühlen und deinen Handlungen. Es sind deine Wünsche, und du solltest beobachten, wie du deine Wünsche behandelst, ob du sie wichtig nimmst. Zweifelst du daran, dass sie wahr werden können? Oder denkst du gar nicht groß über dieses Thema nach, tust einfach und wartest, was passiert? Leichter geht es mit der zweiten Variante, denn das Grübeln und Denken ist der Feind des Handels. Irgendwann wirst du dir deine Ideen und Wünsche selbst ausreden, denn deine Gedanken kreisen zu viel um das Wie, das du aber in diesem Stadium noch nicht kennen kannst, weil du dieses Ziel ja noch nicht erreicht hast. Weil du noch nicht dort gewesen bist, wo alles dafür getan wurde.

Vertrauen heißt aber auch, dass du die Kontrolle abgeben kannst. Nicht an andere Menschen, sondern an dein Dasein. Wenn du immer alles durchplanst, so wirst du der Intuition und der Spontanität keinen Raum lassen, dir Lösungen zu bieten. Du wirst weiter das machen, was du geplant hast, obwohl etwas anderes vielleicht sinnvoller wäre. Hier kommen vielleicht Botschaften zu dir oder treten Menschen in dein Leben, die du links liegen lässt, weil du deiner vorgefertigten Sichtweise – deinem Plan – folgst. Dies bedeutet nicht, dass du deine Vorgehensweise nicht planen solltest, sondern, dass deine Planung offen für Hinweise und Verbesserungsvorschläge aller Art bleibt. Wenn eine Schlagzeile dir auffällt, lies den Artikel. Wenn du an einem Punkt festhängst und dir

plötzlich eine Person oder Website in den Sinn kommt, rufe sie an und frage sie oder suche auf dieser Seite nach einer Problemlösung. Wenn dir ein wichtiger Gedanke in den Kopf kommt, schreibe ihn auf. Halte jede Idee fest, auch wenn sie dir jetzt noch zu groß oder undurchführbar erscheint.
Lass es einfach geschehen, dass du von außen inspiriert wirst.

Wenn du gelernt hast, dich deinen Wünschen zu unterwerfen, machst du viel mehr möglich, um sie zu erreichen. Und durch diese Möglichkeiten, die dadurch für dich entstehen, wird sich alles neu zusammenfügen. Du wirst dich verändern.
Wenn du gelernt hast, dich deinen Wünschen zu unterwerfen, wirst du all deine Energie auf sie lenken und darüber nachdenken, was du tun kannst, um sie zu verwirklichen. Und dahin, wohin du deine Energie lenkst, wirst du wachsen. Wenn du deine Energie auf etwas lenkst, wird es mehr. Darum lenke deine Energie auf das, was du willst. Und nicht auf das, was du nicht willst. Wenn du denkst, dass du etwas erreichen kannst, dann kannst du es auch. Wenn du denkst, dass du etwas nicht erreichen kannst, dann kannst du es auch nicht.
Wenn du gelernt hast, dich deinen Wünschen zu unterwerfen, dann wirst du Veränderung bejahen und im Auf und Ab des Lebens mitfließen. Denn deine klare Ausrichtung auf deine Wünsche und Ziele wird zu klaren Ergebnissen führen.

Wenn du auf die Welt blickst in diesem Moment, siehst du, wie sich alles wandelt und verändert. Es liegt an dir, dich gegen deinen eigenen Wandel zu wehren und schmerzvolle Erfahrungen zu machen. Oder dich mit der Welt zu verändern, denn was jetzt passiert, kann nicht mehr rückgängig gemacht werden. Die Welt, die du einst kanntest, gibt es nicht mehr. Und es wird sie auch nicht mehr geben. Wenn du an ihr und deinem alten Leben festhältst, sorgst du für deine eigene Stagnation. Wenn du bereit bist, dich zu verändern, den Wechsel sogar zu begrüßen, dann schwimmst du auf der Welle derer mit, die alles erreichen können, was sie sich wünschen.

Auch hier geht es wieder ums Loslassen. Darüber haben wir schon gesprochen. Denke daran, dass es ein Prozess ist, der zuerst in deinen Gedanken stattfindet. Loslassen hat immer etwas mit Vertrauen zu tun. Du vertraust darauf, dass es richtig ist. Du vertraust darauf, dass es sich fügen wird.

Loslassen bedeutet Veränderung.

Loslassen bedeutet Neuanfang.

Und diesen Neuanfang wirst du bekommen, wenn du dich deinen Wünschen unterwirfst. Wenn du sie hochhältst, vor dir herträgst, sie hegst und pflegst. Dann werden sie wichtiger, anderes wird vielleicht unwichtiger. Um eine Veränderung zu bewirken, kannst du dich fragen, an was dein Herz wirklich hängt. Was willst du erreichen? Auf was kannst du stolz sein, wenn du davon auf dem Totenbett berichtest? Was darf, soll und muss alles in deinem Leben da sein? Was gehört einfach dazu? Was stellst du dir vor? Ohne was kannst du nicht sein? Was willst du da sein lassen, und was willst du nicht da sein lassen? Wo kannst du etwas loslassen, um Platz für Neues zu schaffen? Wie gehst du generell mit Veränderungen um? Fallen sie dir leicht oder schwer? Was kannst du tun, um hier mehr ins Vertrauen zu kommen? In das Vertrauen, dass alles für dich ist und, dass alles in positiver Hinsicht auf dich einwirken wird? Auch alles, was dir im Moment nicht positiv vorkommt! Wie gehst du mit Misserfolg oder Verlust um? Sperrst du dich gegen diese Art von Veränderung, die immer gleichzeitig eine Ent-Täuschung (also ein Ende der Täuschung) mit sich bringt? Oder lässt du sie zu, weil du vertraust, dass danach etwas Besseres kommt? Wovor hast du Angst? Warum hast

du davor Angst? Fehlt das nötige Vertrauen, dass die Veränderung nichts Gutes bringen wird? Mit den Antworten auf diese Fragen ordnest du deine Gedanken und Gefühle und bringst die Veränderung in Fluss. Wenn du Probleme, Dramen oder Ängste loslässt, wird eine Verwandlung in dir stattfinden. Voraussetzung dafür ist Vertrauen.
Veränderung ist ein Prozess, der sich wiederholt. Ein Prozess aus folgenden Schritten: sortieren – loslassen – annehmen – beobachten. Annehmen heißt hier geschehen lassen. Nicht kämpfen, sondern dich deinen Wünschen unterwerfen und geschehen lassen. Nicht stumpf Plan A folgen, sondern beobachten, was sich dir zeigt und dann darauf eingehen. Und vertrauen, dass du nicht allein bist, dass alles für dich da und richtig und gut ist.

Dich deinen Wünschen unterwerfen heißt, dass du dich ihnen hingibst.
Hingabe ist Vorfreude.
Hingabe ist Leidenschaft.
Hingabe ist Macht.
Hingabe ist Leben.
Hingabe bedeutet Vertrauen. Vertrauen in etwas, das du jetzt vielleicht noch nicht vollkommen sehen oder erahnen kannst. Trotzdem weißt du, dass es da ist und arbeitest darauf hin.
Hingabe bedeutet fließen, im Fluss sein.

Viele Frauen fürchten sich vor ihrer eigenen Macht. Sie haben Angst vor dem, was aus ihnen herauskommen will. Sie haben Angst vor der Freiheit, Angst vor der Selbstermächtigung und Angst vor der Entscheidungsfreiheit. Was wird passieren, wenn das bisher eng geschnürte Korsett auf einmal weg ist? Wer wird sie stützen, wenn nicht sie selbst und die Gemeinschaft der ande-

ren Frauen? Was wird passieren, wenn die Tür des Käfigs auf einmal offen ist? Wenn die Frauen auf einmal so lebendig sein können, wie sie wollen, ohne einen Fingerzeig zu ernten? Wenn die Macht und die Kraft, mit denen Frauen einmal betraut und ausgestattet waren, zurückkehren würden?
Hast du dann ein Konzept, hast du Ziele und Wünsche? Hast du dich diesem Ziel hingegeben, dich unterworfen, damit es dich in dieser neuen Welt tragen kann? Wo findest du Halt? Die Antwort ist, dass du nur in dir selbst Halt findest! Es ist das Vertrauen in dich, in dein Leben, in deine Wünsche und in deine Ziele. Das ist der Kompass, der dich in schwersten Stürmen ans Ziel führen wird. Deshalb ist es an der Zeit, dass du dich mit deiner eigenen Kraft und Macht befasst. Und es ist an der Zeit, dass du Angst und Zweifel loslässt. Und, dass du dich deinem neuen Leben stellst. Dass du den alten Schmerz loslässt und erkennst, wo du bis jetzt manipuliert wurdest, weil du nicht zugelassen hast, dass du du selbst warst. Weil du nicht agiert hast, wie du selbst es wolltest, sondern, dass du dich nach den anderen gerichtet hast. All das muss dir nach der Erkenntnis nicht mehr weh tun. Es war dein Sicherheitsnetz, deine Bande, dein Orientierungsfaden. Aber jetzt erlebst du deine Wiedergeburt in dein neues Leben! Wo vorher Gegensätze waren, herrscht dann Einigkeit. Wo vorher Widersprüche waren, herrscht dann Annehmen. Wo vorher Unmut war, herrscht jetzt Liebe.
Werde offen und frei für Neues! Indem du dich deinen eigenen Wünschen unterwirfst, schaust du nicht mehr nach links oder rechts und lässt nichts anderes mehr zu. Du lebst von innen nach außen.
Vielleicht ist diese Entwicklung mit Schmerz verbunden! Erlebnisse und Verletzungen werden an die Oberfläche kommen, die du noch einmal durchleben und durchdenken musst, um endlich von ihnen frei zu werden. Doch der Lohn, den du erhalten wirst,

wird alles übersteigen, was du dafür hergeben und loslassen musstest. Die Veränderung ist wie ein Geschenk. Aus dem, was du loslässt, entsteht etwas Neues. Belastung geht, Leichtigkeit kommt!

Deine Affirmation: „Ich nehme mich und meinen Weg an! Ich unterwerfe mich dem, was ich wirklich will, damit es in mein Leben kommt. Ich verändere, nehme an und lasse los."

12. Kapitel

Zurücktreten und beobachten

Vielleicht klingt die Überschrift dieses Kapitels zuerst einmal befremdlich für dich. Du machst so viel, bist immer in Bewegung, in deinem Kopf drehen sich die Gedanken. Du bringst Leistung, setzt um, agierst und reagierst. Aber in all dem puren Aktionismus, erkennst du dort das Wesentliche?

Leider stürzen sich viele von uns in die Arbeit und tun so viel, damit sie nicht zur Ruhe kommen. Damit sie keine Zeit haben, um nachzudenken. „Wenn dies und jenes und das erledigt ist, dann gönne ich mir eine Pause, dann erledige ich die „innere" Arbeit, dann träume ich davon, was ich wirklich will." Aber meistens reicht die Zeit dann doch nicht dazu, weil etwas Unvorhergesehenes dazwischenkommt. Und so vergeht die Zeit.

Es gibt „innere" Arbeit und „äußere" Arbeit. Die äußere Arbeit ist das, was du tust und was für alle anderen sichtbar ist. Die innere Arbeit ist die Beschäftigung mit dir selbst. Kein anderer kann sie sehen. Aber du spürst die Veränderung bereits in dir. Es ist das Pflanzen des Samens in die Erde. Die innere Arbeit, das Erkennen und Umdenken, findet erst „unter der Erde" statt - dort, wo alles anfängt und alles keimt und für andere vorerst nicht sichtbar ist. Beides ist wichtig für deine Entwicklung.

Vielleicht rechtfertigst du vor dir selbst, dass du die innere Arbeit vernachlässigen musst, weil die äußere Arbeit deinen ganzen Raum einnimmt und deine Zeit beansprucht. Oder du hast ein schlechtes Gewissen, wenn man im Außen nicht gleich sehen kann, was du getan hast. Hier gibt es viele Varianten, aber keine ist eine Entschuldigung dafür, dass du selbst zu kurz kommst!

Wenn du dich mit dir selbst beschäftigst und dich entwickelst, kommst du im Sein an. Und erst dann wirst du das Wesentliche erkennen, deine Essenz. Du wirst auf deinen Kern stoßen - auf das, was wirklich zählt, wahrhaftig ist und sein soll. Und mit einem Mal werden so viele Sachen unwichtig! Dann ergeben alle

Puzzleteile einen Sinn; sie fügen sich selbstständig aneinander. Und dann wirst du „du selbst“ sein.
Die Parole heißt: „Mach dein Ding!“ Und deine Essenz ist eben dieses Ding. Du hast deine wunderbaren Talente. Jede Frau hat ihre eigenen und bringt ihre Themen auf ganz individuelle Weise auf die Welt.

Zurücktreten und beobachten bedeutet zweierlei:

1. Du findest deine Essenz und machst dein Ding!
2. Du lässt los, was dich nicht betrifft!

Und das erfordert Mut. Was für dich wesentlich ist, erlaubt keine Einmischung von außen. Die Zeit der Spielchen ist Vergangenheit. Die Zeit der Machtspielchen, der Versteckspielchen und der Aufschiebespielchen ist für dich vorbei.
Wichtig ist, dass du dich so gibst, wie du bist. Dass du dich so zeigst, wie du bist. Deine Aufgabe, um einfach zurücktreten und beobachten zu können, besteht darin, dass du dein Selbstbild betrachtest. Dass du verstehst und verinnerlichst, dass du in der Mitte deines Bewusstseins vollkommen bist. Und diese Vollkommenheit musst du nach draußen bringen. Du darfst es allen zeigen. Du darfst es nicht selbst begrenzen, sondern musst es frei fließen lassen. Du darfst dich nicht verbiegen, um dem Willen anderer gerecht zu werden. Du musst alte Denkmuster und Zweifel loslassen, damit deine Vollkommenheit nach außen dringen kann.
Im Prozess der inneren Arbeit lernst du deine Qualitäten kennen oder vertiefst die Erkenntnis darüber. Du lässt dir nicht reinreden, wie du sein solltest. Wie du bist, kommt stets aus dir selbst heraus.

Du befreist dich von den Bildern, die andere über dich haben und die dir vorschreiben, wie du sein musst. Du kennst deinen Kern und handelst in deinem Interesse.

Zurücktreten und beobachten bedeutet auch, dass du es genauso machst, wie es hier steht: Du trittst zurück und beobachtest. Zurücktreten heißt, dass du geschehen lässt, dass du dich nicht einmischst - weil es dich nicht direkt betrifft. Dann kommst du in eine andere Beobachtungsposition. Du ruhst in dir und du hörst auf, dich über alles aufzuregen!
Das bedeutet nicht, dass du gleichgültig bist gegenüber dir selbst und deinem Umfeld. Es bedeutet, dass nicht alles es wert ist, dass du dich einmischst, darüber redest und es weiterträgst bzw. dich darüber aufregst.
Du musst innerlich zur Ruhe kommen. Bis jetzt ist es wie auf einer Wippe. Du ruhst in dir, machst dein Ding. Dann tritt eine Nachricht, ein Anruf oder ein Ereignis in dein Leben, dass dich – ohne Nachdenken – sofort auf 180 bringt, dich quasi explodieren lässt. Obwohl es eine Nachricht ist, die dich gar nicht persönlich betrifft, sondern vielleicht eine Freundin oder Arbeitskollegin.
Trotzdem ist deine Energie abgezogen. Deine Kraft verbraucht sich für fremde Angelegenheiten.
Hole erst einmal tief Luft und frage dich, ob das, was in deinem Umfeld vor sich geht, jetzt wirklich wichtig für dich ist. Dient dir eine Einmischung oder dient sie dir nicht? Du nimmst wahr, aber du denkst vorher darüber nach, wie du reagieren willst. Nicht alles ist es wert, dass du darauf reagierst. Nur die positiven Dinge sind es wert, dass du sie weiterträgst. Negative Nachrichten bringen niemand weiter. Die Überbringerin schlechter Nachrichten wird meist nicht als positiv empfunden. Ebenso ist es mit Lästereien und Neidgefühlen. Dieses Thema wurde bereits behandelt.

Wenn es nicht dein Kriegsschauplatz ist oder nicht zum positiven Miteinander beiträgt, lasse es los. Lasse es vorbeiziehen wie ein Gewitter.
Zurücktreten und beobachten heißt, weise zu sein.
Zurückzutreten und zu beobachten heißt auch, nicht auf alles zu reagieren und sich nicht mit den negativen Energien der anderen zu verbinden. Du schützt damit dich und deine positive Energie! Und du schonst deine Kräfte!

Alles, was für dich keine Bedeutung hat, ist nicht bedeutsam für dich. Und vieles, was eine Bedeutung für dich hat, wird sich in Luft auflösen, wenn du dich nicht gleich darauf stürzt. Die Kunst ist, dass du erst einmal abwartest, was sich aus der Situation entwickelt. Nehme dich selbst wahr und beobachte. Das ist ein Prozess, der vielleicht nicht von heute auf morgen gelingt. Aber wenn du ein- oder zweimal das Gedanken- und Handlungskarussell gestoppt hast, wird es einfacher. Du erkennst schneller und lässt einfach passieren und an dir vorbeiziehen!
Ein weiterer Vorteil dieser Methode ist, dass du deine Aggressivität verlierst. Du regst dich nicht mehr auf und ärgerst dich nicht mehr. An die Stelle der Aggressivität tritt Ausgeglichenheit. Du ruhst in dir, und genauso nehmen dich die anderen dann wahr. Du bist der Ruhepol, der Hafen.
Dieser Ruhepol agiert von innen nach außen und nicht von außen nach innen.
Dieser Ruhepol beobachtet aus einer anderen Perspektive.
Wenn du in dir ruhst und dir deine Wünsche und Ziele bewusst sind, wirst du die Chancen erkennen, wenn sie kommen. Und du wirst zugreifen. Während die anderen laut einem Ereignis nachjagen oder sich über irgendetwas ärgern, wirst du zugreifen und umsetzen!

Zurücktreten und beobachten heißt auch, dass du schmerzliche Zustände annehmen kannst. Weil du vertraust und weil du weißt, dass dieser Zustand ein Übergang ist, der zeitlich begrenzt ist und der dich in einen neuen, besseren Lebensabschnitt führt. Du weißt, dass du die Kraft hast, das durchzustehen. Du beobachtest, lässt los und fließt mit. Du nimmst den Fluss des Lebens an, du sagst ja zu allem, was in dein Leben kommt. Weil du bereits beobachtet und erfahren hast, dass es gut ist. Auch, wenn es vorher vielleicht anders ausgesehen hat. Und damit erkennst du dich selbst. Dich selbst zu erkennen, befreit dich und zeigt dir, womit du in Resonanz gehst. Nimm dir Zeit, denn in der Ruhe und der Einkehr liegen viele Erkenntnisse verborgen.

Überlege, welche Erfahrungen dich haben wachsen lassen. Warum bist du der Mensch, der du heute bist? Was wollten dir diese Situationen und Menschen zeigen? Welche Erkenntnisse und Lernerfahrungen hast du daraus gezogen? Trete zurück und beobachte alle diese Begebenheiten noch einmal neu. Vielleicht zeigen sie dir neue Erkenntnisse, weil du dort noch einmal genau hinsiehst, wo du früher noch nicht so deutlich hingeschaut hast.

Tauche in dich ein und erkenne, mit was du in Resonanz gehst. Was lässt dein Herz höherschlagen und bringt dir Freude? Womit kannst du dich stundenlang beschäftigen? Bei welcher Tätigkeit fühlst du dich wohl und entspannt? Wohin richtest du deine Aufmerksamkeit? Was interessiert dich?

Schaue dir auch an, mit was du zufrieden bist. Was darf genau so bleiben, wie es ist, weil es dir dient und es dir gut damit geht? Sei dankbar, dass diese Situationen, Menschen und Dinge in deinem Leben sind und dass du sie als wichtig erkannt hast.

Zurücktreten und beobachten bedeutet auch, dass du dir die Frage stellst, welche Erwartungen du an dich hast. Denke darüber nach, wie es wäre, frei von diesen Erwartungen zu sein. Was würde sich in deinem Leben ändern, wenn du diesen Druck loslassen würdest? Vielleicht kommt jetzt die Angst oder eine Unsicherheit hoch: „Was soll ich sein und tun, wenn ich diese Erwartungen nicht mehr erfülle?" Du sollst du selbst sein! Und du wärest frei. Du könntest auf der Wiese des Möglichen und des für dich noch unmöglich Erscheinenden spielen. Du würdest Chancen wahrnehmen, die du vorher gar nicht gesehen hast, weil du im Bild deiner Erwartungen an dich selbst fixiert warst. Wenn du dich nicht mehr dazu drängst, etwas zu tun oder erreichen zu wollen, was hat dann alles Platz, um in dein Leben zu treten? Kannst du diese Macht erkennen, die darin ruht?

Wenn du zurücktrittst und beobachtest, kann nur wenig dich aus der Ruhe bringen. Und wenn doch, ist diese Situation es wert, genau hinzuschauen. Bist du von deinem ursprünglichen Weg abgekommen? Ist da etwas, auf was du deine Aufmerksamkeit richten solltest? Agiert ein Mensch mit einer Charaktereigenschaft, die du selbst besitzt und loslassen solltest? Welche Botschaft ist darin für dich enthalten? Vielleicht wirst du wütend oder aggressiv. Diese Wut wird dich genau hinschauen lassen, was für dich in dieser Situation enthalten ist. Sie ist ein Spiegel für das, was tief in dir noch nicht in Harmonie und Einklang schwingt.

Distanz und Einsicht sind die beiden Schlagworte des Kapitels. Wenn du zurücktrittst und beobachtest, wirst du erkennen, dass alles eine Momentaufnahme ist. In diesem Moment ist alles hochgekocht, und du kannst dich darüber maßlos aufregen. Im nächsten Moment sieht alles schon wieder ganz anders aus. Dir dessen bewusst zu werden, heißt, zu erkennen, dass die ganze Aufregung meistens unnötig ist. Du akzeptierst, was ist. Du bleibst bei dir und in deiner eigenen Energie. So kannst du die dich eingrenzenden Gebote und Verbote der Gesellschaft überwinden und ganz entspannt du selbst bleiben. Du bist präsent und du erkennst, was wirklich in deiner Welt vorgeht.

Deine Affirmation: „Ich trete zurück und beobachte! Ich reagiere nicht, sondern warte, was sich aus der Situation für mich entwickelt und bleibe in meiner eigenen Energie."

13. Kapitel

Deine Verschmelzung

Verschmelzung meint, dass du das Besprochene in dir zum Leben erweckst. Jede Frau ist eine Göttin! Eine Göttin symbolisiert das weibliche schöpferische Prinzip. Jede Frau symbolisiert das weibliche schöpferische Prinzip. Wir können nicht nur Kinder gebären, sondern auch unsere eigenen Ideen. Lasst uns (zusammen) dafür sorgen, dass sie das Licht der Welt erblicken! Unsere Magie ist, dass wir Dinge mit Leben füllen können. Wir bestimmen über Leben und Tod! Allein mit der Kraft unserer Gedanken und unseres Einfühlungsvermögens.

Jetzt ist es an der Zeit, dass wir unsere Macht zurückerobern, unsere Plätze einnehmen und erkennen, wer und was wir wirklich sind!

Und es ist an der Zeit, dass wir dazu stehen und annehmen, was uns gegeben wurde! Wir schaffen eine neue Einheit, einen neuen Umgang, ein neues Miteinander, eine neue Welt!

Die Punkte, auf die du dich konzentrieren solltest, werden noch einmal zusammengefasst:

1. Nimm dich an, wie du bist! Gehe nicht zu hart ins Gericht mit dir selbst. Erlaube dir mehr Gelassenheit und Humor (auch über dich selbst) und gib niemals auf!
2. Vertraue deinem inneren Dialog, deiner inneren Stimme!
3. Bringe deine Schöpfungsenergie mit deinen Werken auf die Welt! Egal, was es ist! Erkenne es, drücke es aus, gebäre es!
4. Verbanne Missgunst, Neid und Konkurrenzdenken aus deinem Leben! Wir wachsen nur gemeinsam! Zeige Mitfreude und unterstütze andere Frauen!
5. Gib der Liebe mehr Raum! Der Liebe zu dir selbst, zu deinem Werk und zu allem, was lebt.

6. Finde heraus, was du wirklich willst! Bringe in die Welt, was wirklich für dich zählt!
7. Lebe intensiv! Feiere dich selbst! Träume nicht nur, komme ins Tun!
8. Zeige deine Souveränität! Handle aus deiner tiefsten Macht heraus! Sei unabhängig!
9. Glaube daran, dass du alle Macht besitzt! Sie ist bereits in dir, aber verschüttet von alten Glaubenssätzen und Handlungsmustern! Erkenne deine Wirkmächtigkeit!
10. Sei dankbar und zeige deine Dankbarkeit! Verbinde dich mit allem, was wunderbar ist in deinem Leben!
11. Füge dich deinen Wünschen und Zielen! Schalte das Ego ab! Verwandele dich in die Frau, die du wirklich sein willst!
12. Trete zurück und beobachte, ohne gleich auszuflippen! Bleibe bei dir!
13. Verschmelze all diese Themen in dir! Erkenne den Sinn in allem!

Manche Impulse werden dir leichter fallen, andere schwerer. Das ist ganz normal. Für manche Kapitel wirst du eventuell mehrere Anläufe brauchen. Einiges wird vielleicht Hilfe einer anderen Frau oder einer ganzen Gruppe von Frauen benötigen. Das alles ist in Ordnung. Zwinge dich nicht, sondern übernehme Stück für Stück, was dir guttut. Alles ist möglich, aber nichts ist ein Muss. Deine Notizen sind dir ein Wegweiser.

Es ist keine Sünde, wenn du an dich selbst denkst und wenn du dich selbst für wichtig hältst. Kein Zorn Gottes wird dich treffen, wenn du das verwirklichst und in die Welt bringst, was dir wichtig ist. Andere tun das auch, ohne schlechtes Gewissen. Und du darfst es auch tun! Gib dir selbst die Erlaubnis!

Du musst dich nicht schämen! Für nichts, was du tust, musst du dich schämen! Du musst dich nicht zurücknehmen, um anderen zu gefallen. Du musst nicht denken, dass du falsch bist. Vielleicht bist du gar nicht falsch, sondern dein Umfeld ist es. Du selbst bist niemals falsch! Für viele Frauen ist es völlig normal geworden, dass sie falsch über sich denken. Weil sie so erzogen wurden, weil es ihre eigenen Glaubenssätze sind, weil ihnen das Umfeld dieses Leben vormacht. Aber das ist nicht die Wahrheit. Und weil es nicht die Wahrheit ist, solltest du diese negativen Gedanken loslassen.

Kümmere dich nur um dich selbst! Komm mit den Gedanken zurück zu dir selbst! Lass deine Zweifel los. Erlaube dir deine Träume und Wünsche. Stelle dir vor, was sein wird und wie es sein wird. Lasse dir Zeit, lasse alles heraus! Schreibe dir genau auf, wie du es haben willst. Sei geduldig mit dir und denke immer wieder an deine Ziele. Bringe deine Ideen an die Oberfläche. Wenn du zuerst an der Möglichkeit zweifelst, schiebe deine Zweifel beiseite. Lasse sie dort und beschließe, später über sie nachzudenken. Und später verschiebst du sie immer wieder auf noch später. Lasse die Zweifel ruhen. Alles, auf was du deine Aufmerksamkeit lenkst, wird wachsen.
Schau dir an, was jetzt schon da ist. Welche Talente und Fähigkeiten besitzt du, die dich deinem Ziel näherbringen können? Ziele und Wünsche gehen immer mit deinen Fähigkeiten Hand in Hand! Was du in die Welt bringen willst, hat immer mit deiner Leidenschaft, deiner besonderen Gabe zu tun.

Was kannst du heute tun, um deine Träume zu verwirklichen? Was kannst du anstoßen? Tue es jetzt! Wenn du deinen Blick auf das lenkst, was bereits in dir ist, lenkst du deinen Blick auf die Fülle. Du erkennst, dass das Fundament schon da ist!
Nun gehst du einen Schritt weiter. Schaue in die Zukunft. Was brauchst du, um das herauszubringen, was dir wirklich wichtig ist? Wie kannst du dich weiterentwickeln? Wer kann dir helfen? Was musst du tun?
Du hast deine Wünsche und Ziele, du setzt sie um und du bleibst dran! Jetzt nichts zu tun, hieße, beim Träumen zu bleiben. Jetzt nicht aktiv zu werden, hieße, Stillstand zu erzeugen, anstatt Fluss. Stehe zu dem, was du in die Welt bringen willst. Stehe dazu, stehe dafür ein! Du bist über jeden Zweifel erhaben. Deshalb schaue nicht auf deine angeblichen Schwächen! Schaue auf die Möglichkeiten und schaue auf deine Großartigkeit. Dadurch wird sich deine Stärke entfalten. Habe Vertrauen zu dir! Vertrauen kommt von trauen. Traue dich, es jetzt zu tun!

Das Leben ist kein Kampf. Wenn du dich entwickelst, ist es auch keiner! Es ist ein Spaß, es fließt in reiner Freude vor sich hin. Deshalb ist es wichtig, dass du alles nicht so ernst nimmst. Animiere dich zum Lachen. Lache mal drüber, auch wenn die Situation dir unpassend erscheint. Guter Humor über dich selbst wird dir über vieles hinweghelfen. Verbissenheit hat in deinem Leben keinen Platz. Überlasse sie den anderen.

Öffne dich für die Liebe, besonders für die Selbstliebe. Wenn du anfängst zu tun, was du in die Welt bringen willst, dann wird sie da sein, diese tiefe und bedingungslose Liebe. Nimm deinen Platz ein, gehe in deine wahre Kraft und komme ins Tun. Sei offen für Botschaften und Einsichten. Dann werden sie zu dir kommen und für dich zugänglich sein.

Fördere andere Frauen! Lass dich von anderen Frauen fördern. Jede Frau ist großartig und hat etwas Wunderbares in die Welt zu bringen. Verbundenheit macht stark! Lasse alles heraus, was andere Frauen und dich weiterbringt. Was ihnen oder dir nicht guttut und sogar schadet, unterlasse. Ihr seid verbunden, und nur durch das Wachstum in dieser Verbindung wachst ihr alle gemeinsam. Lasse Neid, Missgunst und Lästereien weg, und beobachte stattdessen, welche Tat oder Eigenschaft dich an der anderen Person berührt, dass du diese Gefühle hegst. Versuche nicht, dich selbst aufzuwerten, indem du andere Frauen abwertest. Diese Energie wird immer auf dich zurückfallen.

Gib niemals auf! Es kann sein, dass dein Wachstum nicht gleich im Außen erkennbar ist. Denn du entwickelst dich von innen nach außen. All die Themen in den vorherigen Kapiteln entwickelst du erst in deinem Inneren (weiter). Stell dir die Veränderung, die mit dir vorgehen wird, wie eine Pflanze vor. Du steckst den Samen tief in die Erde und wässerst ihn immer und immer wieder. Zuerst findet das Wachstum komplett unter der Erde statt. Von außen ist nichts zu sehen, dennoch vertraust du darauf, dass der Keimling irgendwann durch die Erde brechen wird, und pflegst ihn weiter. Habe Geduld mit dir selbst! Du setzt dich auch nicht auf die Wiese und sagst zu den Grashalmen: „Jetzt wachst endlich! Los, das muss schneller gehen!"

Nimm deinen Platz ein! Sage, was du wahrnimmst und fühlst! Und lebe danach!
Alles darf sein! Du musst nichts mehr zurückhalten, verheimlichen oder unterdrücken!
Alles hat seine Daseinsberechtigung!
Alles ist wichtig für unsere neue Welt!

Alles hat einen Grund und eine Bestimmung! Auch wenn du den Grund oder die Bestimmung jetzt noch nicht genau kennst! Du bist die, die du bist! Lebe dich! Sei stolz auf dich und deine innere Stärke! Fühlst du diese Freude, das Ankommen bei dir selbst? Erkennst du Freiheit dahinter? Nimm dich und dein Leben an! Befreie dich von allen begrenzenden Gedanken, Gefühlen und Handlungen! Was gehört nicht zu dir? Lebe dich frei!
Sage dir: „Ich bin die, die ich bin!"

Deine Affirmation: „Ich schaue über mein Leben hinaus! Ich bin angekommen in mir und lebe die Liebe und das Vertrauen zu mir selbst. Ich bin stets auf dem richtigen Weg."

Und nun? Wie fühlst du dich? Spürst du bereits eine Wandlung? Bist du präsenter? Erlebst du dich neu? Arbeitest du mit diesen Impulsen? Deine Entwicklung wird fortschreiten und dich zu dem Leben führen, das dir gebührt. Lass es geschehen! Erlaube es dir!

Zum Kapitel 10 „Deine Dankbarkeit ausdrücken" möchte ich folgendes sagen: Ich danke allen Frauen, die mich dazu inspiriert haben, dieses Buch zu schreiben. Ich danke allen Frauen, die groß denken, sich gegenseitig unterstützen und mir und anderen dadurch ein Vorbild sind. Ich danke allen Menschen, die mir so viel über Marketing und Business beigebracht haben. Ich danke für alles, was ich in all den Jahren erkennen und lernen durfte. Ich danke dafür, dass ich Veränderung zugelassen habe. Ich danke für die wunderbare Verbindung zu unzähligen Frauen, die mich unterstützen und die ich mit meinen Gedanken und Gefühlen unterstützen darf. Ich danke Marita Kürschner dafür, dass sie das Lektorat für dieses Buch übernommen hat. Ich danke meiner Mutter dafür, dass sie den Samen der freien Frau in mir gepflanzt hat. Ich danke Petra Kreuzpointner von ganzem Herzen, die mir ihr Gemälde „Die Göttin in dir" für mein Cover zur Verfügung gestellt hat. Ich danke Markus Koch, der meine Ideen in dieses Cover umgewandelt hat. Und ich danke meiner Familie dafür, dass sie immer geduldig auf mich gewartet hat.

Kontaktaufnahme:
Website: www.passwort-verlag.de
Mail: passwort-verlag@outlook.de
Facebook: https://www.facebook.com/andrea.strittmatter.18/
Instagram: Andrea_Strittmatter_Autorin